담론의 질서

L'Ordre du Discours
Leçon inaugurale au Collège de France prononcée le 2 décembre 1970
ⓒ Editions Gallimard, Paris, 1971
All rights reserved

Korean Translation Copyright ⓒ 2020 by Sechang Publishing Company.
Published by arrangement with Editions Gallimard, through BC Agency, Seoul.

세창클래식 006

담론의 질서

초판 1쇄 발행 2020년 5월 1일
초판 3쇄 발행 2024년 5월 30일
–
지은이 미셸 푸코
옮긴이 허경
펴낸이 이방원
책임편집 조성규　　**책임디자인** 손경화
마케팅 최성수 · 김 준　　**경영지원** 이병은
–
펴낸곳 세창출판사

　신고번호 제1990-000013호　주소 03736 서울시 서대문구 경기대로 58 경기빌딩 602호
　전화 02-723-8660　팩스 02-720-4579
　이메일 edit@sechangpub.co.kr　홈페이지 http://www.sechangpub.co.kr
　블로그 blog.naver.com/scpc1992　페이스북 fb.me/Sechangofficial　인스타그램 @sechang_official
–
ISBN 978-89-8411-937-6　93160

ⓒ 허경, 2020

담론의 질서

미셸 푸코 지음

허경 옮김

세창클래식 006

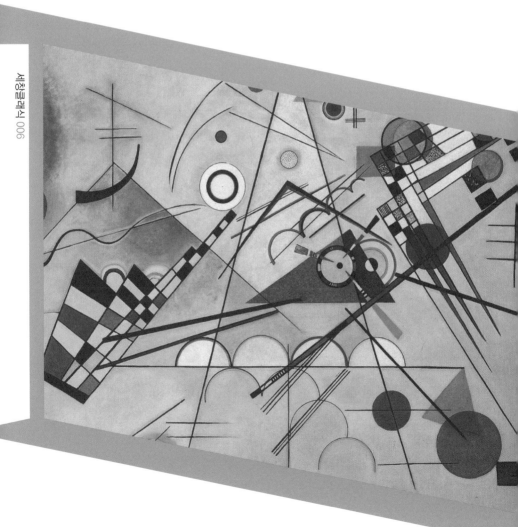

세창출판사

미셸 푸코는 1970년 콜레주 드 프랑스(Collège de France)의 교수로 선정되었다. 푸코는 같은 해 12월 2일 취임강연 '담론의 질서'를 행했고, 이 강연은 다음 해인 1971년 푸코의 교정·검토 아래 동명의 제목으로 출간되었다. 이 책은 이 1971년의 프랑스어본을 완역한 것이다. 이 책의 번역에는 기존 김화영, 이정우의 번역본을 참조했다. 물론 이 책에 드러난 오역의 책임은 온전히 나의 것이다. 아래에 '담론의 질서'의 판본들을 정리하면 다음과 같다.

① *L'Ordre du Discours*, Paris: Gallimard, 1971. 1970년 12월 2일에 있었던 푸코의 콜레주 드 프랑스 교수직 취임강연을 출판한 것이다.

② "Orders of Discourse", trans. Rupert Swyer, *Social Science Information*, April 1971; republished as "The Discourse on Language", an appendix to *The Archaeology of Knowledge*, trans. Alan Sheridan, New York: Pantheon, 1972, pp. 215-237. ①의 영역.

③ 「談話의 秩序」(上·下), 『세계의 문학』, 김화영 옮김, 1982년 봄호-여름호, 통권 제23-24호. ①의 국역.

④ 『담론의 질서』, 이정우 옮김, 새길, 1993. ①의 국역. 1부에는 번역, 2부에는 옮긴이가 쓴 해설 「푸코 사상의 여정」(59-174쪽)이 실려 있다.

⑤ 『담론의 질서』, 이정우 옮김, 서강대학교 출판부, 1998. ④의 개정판. 책의 2부에는 기본적으로 ④의 해설 「푸코 사상의 여정」과 동일한 「역자 해설」(53-153쪽)이 실려 있으나, ④와는 본문 번역 및 해설 양자 모두에서 약간의 개념 수정이 이루어지고 있다.

⑥ 『담론의 질서』, 이정우 옮김, 새길, 2011. ①의 국역. ④의 개정판.

⑦ 『담론의 질서』, 이정우 옮김, 새길아카데미, 2011. ⑥과 동일한 판본.

⑧ 『담론의 질서』, 이정우 옮김, 중원문화, 2012. ⑥과 동일한 판본.

⑨ 『담론의 질서』, 허경 옮김, 세창출판사, 2020. ①의 국역.

2015년 시작한 이 길지 않은 책의 번역에 대략 3-4년의 시간이 걸렸다. 그만큼 오랜 시간 문장과 용어의 정확한 번역이 쉽지 않았다. 그리고 이 책의 번역을 마친 지난 2019년 말 이후, 나는 이 책에 대한 상세한 해설이 담긴 단행본 저작을 같은 출판사의 '세창 명저산책' 시리즈 중 하나로 준비하고 있다(『미셸 푸코의《담론의 질서》 읽기』). 따라서 본서에는 극히 간략한 몇 개의 역주 이외에는 따로 해설을 달지 않았다. 나는 또한 세창의 같은 시리즈에서 새로운 해설서의 발간이 시급한 『임상의학의 탄생』을 포함한 푸코의 몇몇 저작들에 대한 해설서들, 그리고 '지식의 고고학', '권력의 계보학', '자기의 테크놀로지', '통치성', '헤테로토피아', '파레시아' 등에 관련된 몇 권의 방법론적 해설서들을 준비 중이다.

이 번역은 2018년 여름 우리실험자들에서 열린 『담론의 질서』 강의를 계기로 현실화된 것이다. 부족한 강의를 열린 마음으로 따라 준 수강생 분들, 그리고 삼월, 아라차, 라라 님께 감사의 말씀을 드린다. 수강생 분들의 이름을 모두 적지 못하는 것을 너그러이 용서해 주시길 바라 본다.

마지막으로, 이제 구순에 접어드셨고 한평생 가족을 위해 성실히 헌신하신 아버지의 건강을 기원한다. 그리고 이 책을 번역하는 동안 유명을 달리하신 어머님의 영전에, 사랑과 존경의 마음을 담아, 이 책을 바친다.

2020년 3월 23일 노루목길에서,

허경 쓰다.

일러두기

• 소제목들은 (단락 구분만이 존재할 뿐) 원문에는 없으나, 본문 내용 및 기존 우리말
  번역을 참조하여 옮긴이가 붙인 것이다.

• 번역문에서 '[ ]'로 표시된 보조문의 내용은 단어와 문장 및 문맥에 대한 옮긴
  이의 추가이다.

• 이 책의 모든 각주는 옮긴이가 작성하였다.

본 강연 원고는 시간적인 제약으로 인해,

실제 강연에서는 몇몇 부분들이 축약 또는 변형되었으나,

이 책에서는 원래대로 복원되었다.

들어가며

나는 오늘 내가 행해야 할 담론(discours) 안으로, 그리고, 아마 앞으로도 몇 년 동안, 내가 이곳에서[1] 행해야 할 담론들 안으로, 마음 같아서는 슬그머니 미끄러져 들어가고 싶다. 나는, 내가 말(parole)을 하기보다는, 차라리 말에 감싸여, 모든 가능한 시작 너머로 옮겨지기를 바랐다. 나는, 내가 말을 하는 그 순간, 이름 없는 어떤 목소리가 이미 오래전부터 내 앞에 존재하고 있었음을 알게 됐으면 좋겠다. 그랬다면, 나는, 마치 그 목소리가, 한순간, 망설임을 유지함으로써, 내게 신호를 보내 준다는 듯이, 그 목소리를 이어 나가고, 문장을 따르며, 그 틈새 안에, 큰 걱정 없이, 안착하는 것으로 충분했을 것이다. 그랬다면, 시작이란 없었을 것이다. 그때 나는, 담론이 흘러나오는 존재가 되는 대신, 차라리 우연히, 그 펼쳐짐 안에서, 하나의 얇은 틈, 담론이 사라질 수도 있었을 지점이 되었을 것이다.

1 . 콜레주 드 프랑스.

나는 내 뒤에 (이미 오래전부터 말을 해 오면서, 내가 이제부터 말하려는 것을 미리 이중화해 주고) 이렇게 말하는 어떤 목소리가 있었으면 좋겠다. "계속해야만 한다, 나는 계속할 수가 없다, 계속해야 한다, 단어들(mots)이 존재하는 한 단어들을 말해야만 한다, 단어들이 나를 찾아내는 것에 이를 때까지 단어들을 말해야만 한다, 낯선 고통, 낯선 잘못이지만, 계속해야만 한다, 아마도 그것은 이미 일어났고, 아마도 단어들은 이미 내게 말을 했겠지만, 나를 아마도 내 이야기의 문턱까지, 내 이야기 위로 열리는 문 앞까지 데려갔겠지만, 그래도 문이 열린다면 나는 놀랄 것이다."

　　많은 이들에게, 시작하고 싶어 하지 않는 어떤 비슷한 욕망, 놀이의 시작부터, 아마도 불길한, 위험한, 일회적일 수도 있는 것을 외부로부터 사유해야 할 의무 없이, 담론의 건너편에 존재하는 스스로를 보고 싶어 하는 어떤 비슷한 욕망이 있다고 나는 생각한다. 이 너무도 흔한 욕망에 대해, 제도는 아이러니의 형식으로 답을 하는데, 이는 제도가 시작을 위엄에 찬 것으로 만들고, 시작을 침묵과 주의의 원환으로 둘러싸며, 마치 가장 멀리서도 그 존재를 알아볼 수 있게 하기 위한 것이기라도 한 것처럼, 시작에 의례(儀禮)화된 일련의 형식들을 부과하기 때문이다.

욕망은 말한다. "나는 스스로 담론의 이 불확실한 질서 속으로 들어가고 싶지 않다. 나는 단호하고도 결정적인 그 어떤 것 안에서 담론의 질서와 엮이고 싶지 않다. 나는 담론의 질서가, 다른 이들이 내 기다림에 응답하면서, 진실들이 하나씩 스스로 정립되는, 하나의 차분하고 심오하며 무한히 열린 투명성처럼, 완전히 내 주위를 둘러싸고 있으면 좋겠다. 나는, 그 질서 안에서, 그 질서에 의해, 난파선의 행복한 잔해처럼, 그저 실려 가기만 하면 좋겠다." 그리고 제도가 대답한다. "너는 시작에 대한 걱정을 할 필요가 없다. 우리 모두가 여기에 있는 이유는 네게 담론이 법(lois)의 질서에 속한다는 것, 우리가 오래전부터 담론의 출현을 감시하고 있다는 것, 우리가 담론에 영광을 주는 동시에 담론을 무장 해제시키는 어떤 자리를 담론을 위해 마련해 두었다는 것, 그리고, 만약 담론이 어떤 권력을 갖게 된다면, 그것은 우리로부터, 담론은 오직 우리로부터만 권력을 갖게 된다는 것을 보여 주기 위해서이다."

그러나 아마도 이 제도와 이 욕망은 동일한 하나의 불안, 발화되거나 쓰인 것의 물질적 현실성 안에 존재하는 담론에 관련된 불안, 의심의 여지 없이 스스로 사라질 운명을 가진, 그러나 우리가 아닌 자신의 고유한 지속을 따르는, 이 이행적 실존에 관련된 불안, 그럼에도 불구하고 일상적이고도 은밀한 이 작용 아래, 우리가 잘못 상상하게 될 위험과 권력을 느끼고야 마는 불안, 우리가 너무도 오랫동안 그 용법의 까다로움을 제거해 왔던 그토록 많은 단어들을 가로지르는 투쟁, 승리, 상처, 지배 작용, 예속의 존재를 추측하고야 마는 불안에 상응하는 두 개의 응답에 불과한 것이 아닐까.

그러나 사람들이 말한다는 사실, 그들의 담론이 무한히 증식된다는 사실 안에 존재하는 그토록 위협적인 것이란 도대체 무엇일까? 그리하여, 위험은 어디에 있는가?

배제의 외부적 과정들
— 금지·분할과 거부·참과 거짓의 대립

오늘 저녁, 내가 수행하는 작업의 장소, 아마도 매우 임시적인 이 극장을 확정하기 위해, 내가 진전시키고 싶은 가설은 이것이다. 나는 이렇게 생각한다. 모든 사회에서 담론의 생산은 ─담론의 권력과 위험을 제거하고 예측 불가능한 사건을 제압하며 무겁고 위험한 물질성을 회피하는 역할을 수행하는─ 일련의 절차들(procédures)을 따라 동시에 통제(contrôlée)·선별(sélectionnée)·조직(organisée)·재분배(redistribuée)된다.

　우리의 것과 같은[유럽] 사회에서, 우리는 물론 배제(exclusion)의 절차들을 알고 있다.

　1) 가장 명백하고 가장 친숙한 것은 역시 금지(interdit)이다. 우리는 우리가 모든 것을 말할 권리가 없다는 것, 우리가 아무 상황에서 아무 말이나 다 할 수는 없다는 것, 결국, 아무나 무엇에 대해서든 다 말할 수는 없다는 것을 잘 알고 있다. 대상의 터부, 상황에 있어서의 의례, 말하는 주체의 특권적 혹은 배타적 권리가 존재하는 것이다. 우리는 이때 서로 겹치며 서로를 강화하고 또 보상하

지만 동시에 늘 변화하기를 그치지 않는 하나의 복합적 격자를 형성하는 세 유형의 '금지의 놀이'를 갖는다. 나는 다만 요즘 그 격자가 가장 촘촘하며 칸막이의 수효가 늘어나고 있는 두 영역이 섹슈얼리티의 영역과 정치의 영역이라는 점만을 적어 두고자 한다. 마치 섹슈얼리티가 무장 해제되며 정치가 평온을 되찾게 되는 이 중립적이고 투명한 요소와는 거리가 먼 담론이 섹슈얼리티와 정치가 자신의 가공할 만한 힘들 중 몇 가지를 매우 특권적인 방식으로 행사하는 장소들 중 하나이기라도 했다는 듯이 말이다. 담론이 얼핏 보기엔 큰 상관이 없어 보이는 경우라 해도, 담론을 주조하는 금지는 바로, 즉시, 자신과 욕망 및 권력과의 연계를 드러낸다. 그리고 이는 놀라운 일이 아닌데, 이는, 정신분석이 우리에게 잘 보여 주었듯이, 담론이 단순히 욕망을 드러내거나 (또는 감추는) 것에 그치지 않으며, 또한 욕망의 대상이기 때문이고, 또한, 역사가 우리에게 쉼 없이 가르쳐 주고 있듯이, 담론이 단순히 지배의 체계 또는 투쟁을 번역하는 것에 그치지 않으며, 우리가 그것을 위해, 그것에 의해, 투쟁하는 것이자, 우리가 탈취하고자 하는 권력이기 때문이다.

2) 우리[유럽] 사회에는 배제의 또 다른 원칙이 있다. 이는

금지가 아니라, 특정한 분할(partage) 그리고 거부(rejet)이다. 나는 이성(raison)과 광기(folie)의 대립을 생각하고 있다. 중세 말 이래, 광인이란 그 사람의 담론이 다른 사람들의 담론처럼 통용되지 않는 사람이다. 광인의 말은 어떤 진실도 중요성도 갖지 않은 것, 결국 아무것도 아닌 것으로 간주되는 지경에 이르는데, 이는 광인의 말이 정당하게 입증될 수 없는 것이고, 하나의 행위 또는 행동을 유의미한 것으로 만들 수도 없는 것이며, 미사의 희생 제의에서조차, 빵으로부터 육체를 만들어 내는 화체(化體, transsubstantiation)의 능력을 가질 수 없는 것이기 때문이다. 반면, 우리는 전혀 다른 대립 작용에 의해, 광인의 말에 숨겨진 진리를 말하는 말, 미래를 미리 말하는 말, 다른 이들의 지혜가 지각하지 못하는 무엇인가를 순진무구함을 통해 보는 말이라는 낯선 권력을 부여하게 된다. 유럽에서 수세기 동안 광인의 말이 때로는 전혀 경청되지 않았지만, 때로 경청되었을 경우에는 진실의 말처럼 경청되었다는 사실을 확인하는 것은 기묘한 일이다. 또 때로 광인의 말은 발화되는 순간 거부됨으로써, 무(無, néant) 속으로 떨어져 버렸고, 때로 사람들은 광인의 말을 소박한 또는 간교한 이성 곧 이성적인 사람들의 이성보다 더 이성적인 이성으로서 해독했다. 어떤 경우이든, 배제되었든 이성에 의해 은밀히 권리를 부여받았든, 엄격한 의미에서, 광인의 말은 존재하지 않았다. 우리가 광인의 광기를 인식하는 것은 광인의 말을 통해서였다. 광인의 말은 분할이 수행되는 바로 그 장소였다. 그러나 광인의 말은 결코 청취되지도 경청되지도 않았다. 한 의사가 여하튼 다른 말들과는 차이를 보이는 이 말 안에서 말해진 것이 무엇이었는가(어떻게 말을 했는가, 왜 그렇게 말해졌는가)를 알고자 하는 관념을 품게 된 18세기 말 이전까지, 광인의 말은 결코 경청된 적이 없었다. 광인의 이 모든 거대한 담론은 소음으로 되돌려졌다. 자신이 펼쳐지는 무대 위에서 광인의 담론은 무장 해제되어 조화로운 역할만을 그저 상징적으로 부여받았을 뿐인데, 이는 광인의 담론이 이 무대 위에서 가면을 쓴 진실이라는 역할을 수행했기 때문이다.

사람들은 내게 이 모든 것은 오늘날 끝났거나 또는 사라지고 있는 중이라고, 광인의 말은 더 이상 분할의 맞은편에 있지 않다고, 광인의 말은 더 이상 아무것도 아닌 것이 아니며 오히려 우리를 깨어 있게 하는 것이라고, 우리는 광인의 말에서 어떤 의미, 또는 작품의 스케치 또는 잔해를 찾는다고, 그리고 우리는 드디어 우리 자신이 단언하는 것, 우리가 말하는 것이 우리를 벗어나는 이미세한 홈집 안에서 광인의 이런 말을 포착하는 데 이르렀다고 말할 것이다. 그러나 이렇게 주의를 기울인다는 사실이 오랜 분할이 더 이상 작동하지 않는다는 것을 보증하는 것은 아니다. 이에 대해서는 광인의 말을 해독하는 우리 앎의 기반 자체에 대해, 누군가(의사, 정신분석가)로 하여금 이 말을 경청할 수 있게 만들어 주는 동시에 환자로 하여금 자신의 궁핍한 단어들을 불러일으키고 때로는 절망에 휩싸인 채 매달리게 만드는 모든 제도적 그물망에 대해, 분할이 사라지기는커녕 이전과는 전혀 다른 효과들을 수반하는 새로운 제도들을 가로질러 다른 선(線)들을 따라 다른 방식으로 작동하고 있다고 의심하게 만드는 이 모든 것들에 대해 생각해 보는 것만으로도 충분할 것이다. 그리고, 설령 의사의 역할이 드디어 자유를 얻은 말에 귀를 빌려주는 것에 한정된다 해도, 경청이 수행되는 것은 늘 중간 휴지부[쉼표](休止, césure)의 지속에 의해서이다. 이는 욕망에 의해 투자된 담론, 또는, 커다란 흥분 또는 커다란 불안과 함께, 끔찍한 권력을 짊어지고 있다고 스스로 믿어 의심치 않는 담론의 경청이다. 괴물의 치료를 위해 이성의 침묵이 요청될 때, 그 침묵은 늘 깨어 있는 침묵이 되어야 한다. 그리고 바로 이렇게 해서, 분할이 유지되는 것이다.

3) 진실과 거짓의 대립(opposition du vrai et du faux)을 내가 방금 이야기한 것들 곁에 존재하는 배제의 세 번째 체계로 간주하는 것은 아마도 위험한 일일 것이다. 진실의 강제, 달리 말해 어떤 폭력의 여지나 강요도 없이 수행되는 강제를 어떻게 처음부터 자의적인 또 다른 강제, 적어도 역사적 우연의 주위에서 구성되는 강제, 변경 가능할 뿐만 아니라 지속적으로 자신의 자리를 옮겨 가는 강제, 강제를 부과하고 또 갱신하는 제도적 체계 전체에 의해 지지되는 강제와 합리적으로 비교할 수 있겠는가?

물론, 우리가 어떤 특정 명제(proposition)의 수준, 특정 담론의 내부에 위치한다면, 진실과 거짓의 분할은 자의적이지도, 변경 가능하지도, 제도적이지도, 폭력적이지도 않을 것이다. 그러나 만약 우리가 또 다른 층위에 위치하여, 만약 우리가, 우리의 담론들을 가로질러, 우리 역사의 수많은 세기들을 가로지르는 진실의 의지(volonté de vérité)가 늘 어떤 것이었고 또 어떤 것인지, 또는 우리 지식의 의지를 지배하는 분할 유형의 매우 일반적인 형식은 어떤 것인지를 알고자 하는 질문을 던진다면, 그때 모습을 드러내는 것은 아마도 (변경 가능하지만 제도적으로 강요되는 역사적 체계로서의) 배제의 체계(système d'exclusion)와 비슷한 무엇일 것이다.

이는 분명 역사적으로 구축된 분할이다. 왜냐하면, [기원 전] 6세기의 그리스 시인들에게 있어서조차도 여전히 —단어의 강한, 공인된 의미에서의— 진실한 담론, 우리가 존중심과 공포심을 가지고 있는 진실한 담론, 우리를 지배하므로 우리가 복종해야만 하는 진실한 담론이란 공식적인 의례(rituel)에 의거해 정당한 권리를 갖는 사람에 의해 발화된 담론이었다. 진실한 담론은 정의 (justice)를 말하는 담론, 각자에게 자신의 몫을 배분해 주는 담론이었다. 진실한 담론은, 미래를 예언하는 담론, 그러나 단순히 일어날 일을 알려 주는 것에 그치지 않고, 나아가 그 일어날 일의 실현을 돕는 담론, 그 자체로 인간의 복종을 불러오며, 이를 통해 운명과 뒤엉키는 담론이었다. 그런데, 한 세기가 지난 후, 최고의 진실은 이미 더 이상 이전에 담론이 그런 것, 또는 담론이 수행한 것 안에 거주하지 않았다. 이제 담론은 자신이 말하는 것 안에 거주하게 되었다. 진실이 언표 행위(énonciation)라는 의례화되고 효율적이며 정확한 행위로부터 언표(énoncé) 자체 곧 그 의미, 형식, 대상, 자신의 지시체와 맺는 관계로 옮겨 가는 날이 왔던 것이다. 헤시오도스 (Hesiodos, 750-650 BC)와 플라톤(Platon, 428/427(424/423)-348/347 BC) 사이에 진실한 담론과 거짓된 담론을 나누는 어떤 특정한 분할이 확립되었다. 이는 새로운 분할인데, 이는 이후로 진실한 담론은 더 이상 욕망의 대상이 되는 유용한 담론이 아니며, 더 이상 권력의 행사와 연결되지 않기 때문이다. 소피스테스는 추방되었다.

　　바로 이 역사적 분할이 의심의 여지 없이 우리[유럽적] 지식의 의지에 일반적 형태를 부여한다. 그러나 이 분할은 그럼에도 불구하고 끊임없이 자신의 위치를 옮겨 간다. 거대한 과학적 변동은 아마도 때로는 어떤 발견의 결과로 읽힐 수도 있지만, 때로는 진실의 의지와 관련된 새로운 형식의 출현으로 읽힐 수도 있다. 19세기 이래, 고전주의 시대의 문화를 특징지었던 지식의 의지와는 ―작동하는 형식에 있어서도, 다루는 대상 영역에 있어서도, 사용하는 기법에 있어서도― 다른 새로운 진실의 의지가 존재한다는 것은 의심의 여지가 없다. 시대를 조금만 거슬러 올라가 보자. 16세기로부터 17세기로 옮겨 가는 전환기에, 특히 영국에서, 현실적 내용을 예측함으로써 존재·관찰·측정·분류 가능한 대상의 평면을 그려 내는 새로운 지식의 의지가 출현했다. 이는 (말하자면, 어떤 실제의 경험보다 앞서는) 인식 주체에 (읽기보다는 보는, 주석 달기보다는 검증하는) 특정한 위치·시선·기능을 부과하며, 인식이 검증 가능하고 유용한 것이 되기 위해 투자되어야만 하는 기술적 수준에 의해 (결정된 도구 전체보다 더 일반적인 양식 위에서) 규정되는 지식의 의지이다. 모든 것이 마치, 플라톤의 거대한 분할 이래, 진실의 의지가 강제하는 진실들의 역사와는 다른 자신만의 역사, 곧 인식 대상의 평면들이 보여 주는 역사, 인식 주체가 갖는 위치와 기능의 역사, 인식이 갖는 도구적·기술적·물질적 투자의 역사를 가지고 있는 것처럼 이루어진다.

　　그런데 이 진실의 역사는, 다른 배제의 체계들처럼, 자신만의 특정한 제도적 지지기반을 갖는다. 이 지식의 의지는 교육은 물론, 도서·편집·도서관 체계, 예전에는 현자들의 사회, 오늘날에는 연구실 등과 같은 실천의 두께 전체에 의해 강화·갱신된다. 그러나 이 지식의 의지는, 보다 심오하게는 의심의 여지 없이, 특정 사회에서 평가·부여·배치 그리고 어떤 의미에서는 분배를 통해 지식이 작동하는 방식에 의해서도 갱신된다. 다만 이 자리에서는 상징적으로 그리스의 오랜 원칙, 곧 산술은 평등한 관계를 다루므로 민주적 도시에서 가르쳐져야 하고, 기하학은 불평등 내에서의 비례를 드러내는 것이므로 과두제에서 가르쳐져야 한다는 원칙을 상기하는 것으로 만족하자.

　　마지막으로 나는 이처럼 제도적인 분배·지지에 기반해 있는 이 지식의 의지가 ―나는 여전히 우리[유럽] 사회에 대해 말하고 있다― 다른 담론들에 대해 일종의 압력을 부여하는 강제력으로 기능하는 경향이 있다고 믿는다. 나는 서구의 문학이 수 세기 이래 자연적인 것, 있을 법한 것, 진정성, 과학, 한마디로 진실된 담론에서 자신의 지지대를 찾아야만 했던 방식을 생각하고 있다. 나는 또한, 일련의 규칙 또는 방법론, 결국 사실상은 도덕으로서 코드화되었던 경제적 실천이 16세기 이래 생산과 부(富)의 이론 위에 자신의 기초를 세우고 스스로를 합리화·정당화하고자 했던 방식을 생각하고 있다. 나는 또한 형벌 체계와 같은 규범적 집합이 자신의 기반 또는 정당화를 우선은 물론 법의 이론 안에서, 그리고 19세기 이후로는 사회학적·심리학적·의학적·정신의학적 지식 안에서 추구했던 방식을 생각하고 있다. 마치 우리 사회에서는 법의 말 자체가 이제는 오직 어떤 진실의 담론에 의해서만 공인될 수 있기라도 하다는 듯이.

　　담론을 주조하는 이와 같은 배제의 거대한 세 가지 체계, 곧 금지된 말(parole), 광기의 분할, 진실의 의지 중 내가 가장 오랫동안 말해 온 것은 세 번째이다. 수 세기 전부터, 앞의 두 가지 체계가 끊임없이 흘러 들어가는 곳은 이 세 번째 체계이고, 시간이

갈수록 진실의 의지는 나머지 두 가지를 변형시키고 기초 짓기 위해 이들을 자신의 방식으로 재규정해 왔다. 나아가, 나머지 두 가지가 오늘날 진실의 의지에 의해 횡단됨으로써 끊임없이 불확실해지고 또 약화되고 있다면, 진실의 의지는 이에 반비례하여 점차로 그 영향력이 깊어지고 강력해지며 또한 불가피한 것으로 변화하고 있다.

그러나 그럼에도 불구하고 우리가 가장 이야기하지 않는 것 역시 의심의 여지 없이 이 세 번째이다. 마치 우리에게는 진실의 의지와 그 예상치 못한 모습이 자신의 필연적인 전개 안에서 펼쳐지는 진실 자체에 의해 가려지기라도 했던 것처럼. 이를 설명할 수 있는 이유는 아마도 다음과 같은 것들일 것이다. 만약 진실한 담론이 고대 그리스인들 이래 더 이상 사실은 욕망에 응답하거나 권력을 실행하는 담론이 아니라 해도, 진실의 의지, 진실을 말하려는 의지 안에 존재하는 이 진실의 담론 안에서 작동하고 있는 것이 욕망과 권력이 아니라면 도대체 무엇이란 말인가? 욕망을 뛰어넘고 권력으로부터 해방되어야 한다는 형식적 필연성을 따르는 진실한 담론은 자신을 가로지르는 진실의 의지를 인식하지 못한다. 아주 오래전부터 우리에게 부과되어 온 진실의 의지는 자신이 욕망

하는 진실이 은폐하지 않을 수가 없는 바로 그러한 것이다.

이렇게 해서 우리의 눈앞에는, 풍부하고 풍요로우며 부드러운 힘이자 기만적인 방식으로 보편적인, 오직 하나의 진실만이 드러나는 것이다. 반면, 우리는 배제를 낳는 놀라운 기계장치로서의 진실의 의지를 알아차리지 못하게 되는 것이다. 우리 역사의 이런저런 지점에서, 진실이 금지를 정당화하며 광기를 규정하고자 획책하는 바로 그곳에서, 이 진실의 의지를 뒤틀고, 진실의 의지를 진실에 대립시켜 다시금 문제 삼고자 했던 모든 이들, 니체(Friedrich Nietzsche, 1844-1900)로부터 아르토(Antonin Artaud, 1896-1948)와 바타유(Georges Bataille, 1897-1962)에 이르는 이 모든 사람들은 오늘 우리에게 일상의 작업을 위한, 분명 불손한, 기호들을 제공하고 있음에 틀림없다.

배제의 내부적 과정들

— 주석·저자·분과학문

물론 담론을 통제하고 한계를 설정하는 또 다른 절차들(procédures de contrôle et de délimitation)이 존재한다. 이제까지 내가 말했던 절차들은 말하자면 외부로부터 작용하는 절차들이었다. 이것들은 배제의 체계로서 기능하고, 의심의 여지 없이 권력과 욕망을 작동시키는 담론의 부분에 관련된다.

　　나는 우리가 이와는 다른 절차들을 다시금 구분해 볼 수 있다고 생각한다. 이를 내적 절차들(procédures internes)이라 불러 볼 수 있을 텐데, 이는 이 경우 담론의 통제를 수행하는 것이 담론들 자체이기 때문이다. 이 절차들은, 이번에는 사건(événement)과 우연(hasard)이라고 하는 담론의 또 다른 차원을 지배하는 것이 관건이라는 듯이, 분류(classification)·정돈(ordonnancement)·분배(distribution)의 원칙이라는 명분 아래 작용한다.

　　1) 그 첫 번째 줄에는, 주석(註釋, commentaire)이 있다. 나는, 완전한 확신은 없지만, 다음처럼 가정해 본다. 우리가 이야기하고 되풀이하며 다양하게 변형시키는 주된 주제들(récits), 곧 엄격히 규

정된 각각의 상황마다 우리가 이야기하는 담론의 의례화된 집합, 텍스트, 형식이 없는 사회, 달리 말해 우리가 그 안에 어떤 비밀 또는 풍부한 무엇인가가 있으리라고 믿기 때문에 일단 말해지고 또 보존되는 사물들이 존재하지 않는 사회는 없다. 간단히 말해, 우리는 이렇게 가정해 볼 수 있다. 모든 사회에는, 매우 규칙적인 방식으로 담론들 사이에서 작동하는 일종의 차등화 작용(dénivellation)이 존재한다. 이는 매일매일의 교환 작용을 따라 '말해지면서' 담론을 말했다는 행위 자체와 함께 발생하는 담론들, 원래부터 이 담론들에 대해 말하거나 또는 이 담론들을 다시 취하고 변형시키는 말의 몇몇 새로운 행위들에 다름 아닌 담론들, 간단히 말해, 그 형성 작용을 넘어, 무한히 말해졌고 말해진 채로 남아 있으며 여전히 말해져야 할 것들에 다름 아닌 담론들이다. 우리는 우리[유럽] 문화의 체계 안에서 이와 같은 담론들을 인식한다. 이러한 담론들로는 종교적 또는 법적 텍스트들, 또는 우리가 그 지위를 검토할 경우 기묘함을 느끼게 되는 이른바 '문학적' 텍스트들이 있는데, 어떤 면에서는 과학적 텍스트들 역시 이러한 담론들에 포함될 수 있다.

어긋남(décalage)을 불러일으키는 이러한 작용이 안정적이지도 항상적이지도 절대적이지도 않다는 점은 분명하다. 한쪽에는 정초적 또는 창조적 담론들이라는 잘 확립된 기존 범주가 있고, 다른 한쪽에는 늘 되풀이되고 해석하고 주석하는 담론들로 구성된 덩어리가 있는 것은 아니다. 주요 텍스트가 뒤죽박죽이 되면서 사라져 버리고, 때로 주석이 우위를 차지하는 경우도 물론 존재한다. 그러나, 응용 지점은 변화할 수 있지만, 그 기능은 유지된다. 어긋남의 원칙만은 끊임없이 작동한다. 이러한 차등화 작용을 근본적으로 삭제하려는 시도는 다만 놀이, 유토피아 또는 불안일 뿐이다. 이는 자신의 주석 대상을 글자 그대로 다시 그려 내는 주석을 (그러나 이번에는 공식적이고 기대되었던 방식으로) 만들어 내는 일에 다름 아닌 '보르헤스(Jorge Luis Borges, 1899-1986)적' 놀이, 또한 존재하지 않는 어떤 작품에 대해 무한히 말하는 어떤 비평의 놀이이다. 이는 매번 절대적으로 새롭고 순수한 지점으로부터 다시 태어나는 담론, 각각의 사물·감정·생각으로부터 전혀 새로운 모습으로 끊임없이 다시 나타나는 담론이라는 서정적 꿈이다. 이는 의미의 무궁무진한 보물이 숨겨져 있으므로 무한히 다시 실행되고 시작되는 것, 주석할 가치가 있는 것으로서 그 가장 작은 조각마저도 '복음서' 말씀(parole d'Évangile)으로 간주했던 [파리의 정신과 의새] 자네(Pierre Janet, 1859-1947)의 환자[레몽 루셀(Raymond Roussel, 1877-1933)]가 품었던 불안이다. 루셀은 읽거나 들을 때마다 늘 이렇게 말했다. "내가 생각을 할 때, 내가 여전히 무한 속으로 사라지는, 아마도 내가 완전히 이해하지는 못한, 이 문장을 생각할 때."

그러나 매번 이런 경우의 관건이, 관계 자체의 폐기가 아니라, 관계항들 중 하나를 무효화하는 것임을 누가 보지 못할 것인가? 이는 시간을 가로질러 끊임없이 스스로 변화하는 관계, 주어진 한 특정 시대에 복수의 분산적인 형식들을 취하는 관계이다. 법적 주해는 (이미 오래전부터) 종교적 주석과 매우 다른 것이었다. 하나의 같은 문학 작품이 무척 다른 담론 형식들을 따라 동시에 생겨날 수 있다. 1차 텍스트로서의 『오디세이』(Ὀδύσσεια, Odýsseia)는, 같은 시대에, 베라르(Victor Bérard, 1864-1931)의 번역에서도,[2] 텍스트에 대한 한없는 설명들에서도, 조이스(James Joyce, 1882-1941)의 『율리시

---

2   프랑스의 외교관·정치가이자, 그리스 연구자인 빅토르 베라르는 호메로스의 『오디세이』도 조이스의 『율리시스』도 프랑스어로 '번역'(traduction)한 적이 없다. 따라서 이는 호메로스의 『오디세이』에 대한 자신의 해석(interprétation)을 담은 베라르의 저명한 저서 『페니키아인들과 오디세이』(Les Phéniciens et l'Odyssée, 1902-1903)를 지칭하는 것으로 보아야 한다. 조이스는 베라르의 이 책을 상찬했으며, 이 책으로부터 일정한 영향을 받은 것으로 이야기된다. 한편 『담론의 질서』 영어번역본 221쪽의 Berand는 Bérard의 단순 오기이다(Michel Foucault, The Archaeology of Knowledge and The Discourse on Language, trans. Alan Sheridan, New York: Vintage, 1972).

스』(*Ulysses*, 1922)에서도 되풀이되었다.

나는 현재의 논의를 우리가 보통 주석이라고 부르는 것에서 1차 텍스트와 2차 텍스트 사이의 어긋남은 상호 작용하는 두 가지 기능을 수행한다는 점을 지적하는 것으로 한정하고자 한다. 한편으로, 어긋남은 새로운 담론들을 (무한히) 구축하도록 해 준다. 1차 텍스트의 두드러짐과 영속성, 늘 재활성화 가능한 담론이라는 지위, 그것이 담고 있다고 간주되는 복수의 또는 숨겨진 의미들, 그것에 우리가 부여하곤 하는 본질적 풍부함 또는 묵설법(默說法, réticence), 이 모든 것이 말하기(parler)의 열린 가능성을 정초한다. 그러나, 다른 한편으로, [2차 텍스트에서 수행되는] 주석의 기능은 사용되는 기법이 어떤 것이든 간에 오직 그곳[1차 텍스트]에 말없이 분절되어 있었던 것을 마침내 말하는 것이다. 주석은, 늘 벗어나려 하지만 결코 벗어날 수 없는 역설에 따라, 이미 말해졌던 것을 처음으로 말해야만 하고, 또 그럼에도 불구하고 결코 이전에 말해진 적이 없었던 것을 지칠 줄 모르고 말해야만 한다. 주석의 무한한 웅성거림은 은밀한 되풀이/되풂(répétition)[3]이라는 하나의 꿈을 따라 내부

---

3 이 경우의 répétition이라는 용어는 '같은 일의 반복(되풀이)'이라는 의미의 되풀이와 '들뢰즈적

로부터 행해진다. 주석의 지평에서 볼 때, 아마도 존재하는 것이란 오직 시작점에 존재했던 것, 단순한 암송(暗誦, récitation)뿐일 것이다. 주석은 담론에 일정한 역할을 부여함으로써 담론의 우연을 내쫓아 버린다. 주석은 텍스트 자체와는 다른 것을 말할 수 있게 해 주지만, 이는 오직 그 다른 것이 그 텍스트 자체이며, 어떤 의미에서는 그 텍스트를 완성한다는 조건 아래에서만 그렇다. 열린 복수성, 불확실성은, 주석의 원칙에 따라, 감히 말해질 수도 있었던 것으로부터 되풀이의 상황, 위장, 형식, 개수(個數)로 옮겨진다. 새로운 것은 말해진 것이 아니라, 그것의 되돌아옴(retour)이라는 사건 안에 존재한다.

2) 나는 담론 희소화(raréfaction)의 또 다른 원칙이 존재한다고 믿는다. 이는 어느 정도까지는 첫 번째 원칙에 대한 보조적 기능을 수행한다. 이 두 번째 원칙은 저자(著者, auteur)에 관련된다. 이때의 저자는 물론 하나의 텍스트를 발화하거나 쓰고 말하는 개인이 아니라, 담론 분류의 원칙, 그 의미 작용의 기원인 동시에 단위

의미의 되풀림'이라는 되풂이라는 두 가지 뜻을 모두 가지고 있어 매번 되풀이/되풂으로 번역하는 것이 옳다. 그러나 매번 이렇게 두 번역어를 모두 써 주는 것은 번잡스러운 측면이 있으므로, 앞으로 이 책에서는 줄여서 되풀이로 쓴다.

이자, 정합성의 진원(震源)으로서 이해되어야 한다. 이 원칙이 항상적인 방식으로 작동하는 것은 아니다. 분명, 우리의 주변 어디에나, 의미와 효율성을 귀속시킬 저자가 부재하면서도 유통되는 담론들이 존재한다. 말하고 나면 사라지는 일상적인 말들, 서명은 필요로 하지만 저자는 필요로 하지 않는 계약 또는 명령, 익명성 아래 전수되는 기술적 처방이 이런 담론들이다. 그러나 문학, 철학, 과학처럼 특정 저자에의 귀속이 규칙으로 작용하는 영역에서, 우리는 이러한 귀속 작용이 늘 동일한 기능을 수행하는 것은 아니라는 사실을 안다. 중세의 경우, 과학적 담론의 질서에서 특정 저자에의 귀속은 필요 불가결했는데, 당시에는 이러한 귀속이 진실의 징표로서 받아들여졌기 때문이다. 하나의 명제는 마치 그것의 과학적 가치를 담지하고 있는 저자 자체처럼 간주되었다. 17세기 이후, 이런 기능은 과학적 담론에서 사라지고 있다. 이런 기능은 이제 특정 정리(定理)·효과·사례 및 증후군에 이름을 붙이는 경우에만 남아 있다. 반면, 문학적 담론의 질서에서는 같은 시대부터 저자의 기능이 끊임없이 강화되고 있다. 적어도 상대적으로는 중세 내내 익명으로 돌아다니던 이야기·시·드라마 또는 희극에 대해, 이제 사람들은 그것이 누구에게서 나왔는지, 누가 그것을 썼는지를 묻게 된다(그리고 확실히 밝히고 싶어 한다). 사람들은 이제 저자가 텍스트의 통일성을 보증해 주기를 요구한다. 사람들은 저자가 이 텍스트들을 가로지르는 의미를 드러내 주기를, 또는 적어도 가져다주기를 요구한다. 사람들은 이 텍스트들이 저자의 개인적 삶, 체험, 실제 역사 위에서 유기적으로 연결되기를 요구한다. 저자는 허구라는 불안정한 언어 작용(inquiétant langage de la fiction)에 통일성, 정합성의 매듭, 현실 세계 안으로의 삽입을 가능케 해 주는 것이다.

나는 물론 사람들이 내게 이렇게 말하리라는 것을 잘 알고 있다. "그러나 지금 당신은 저자가 죽고 알 수 없는 한 덩어리의 글만이 남아 있을 때 비평이 사후적으로 다시 발명해 낸 그런 저자에 대해 말을 하고 있지만, 그럼에도 불구하고, 아마도 조금은 허구적일 수밖에 없겠지만, 우리는 저자의 의식 또는 삶에 대해 요청되는 정합성, 기획, 주제를 상상함으로써 이 모든 것에 다시금 일정한 질서를 부여할 필요가 있다. 그러나 이러한 작업이 이 실제의 저자, (천재성과 무질서가 함께 담겨 있는) 진부한 용어들의 한가운데에서 돌연한 분출을 불러일으킨 이 사람이 정말 존재했다는 사실을 부정하지는 않는다."

물론 글을 쓰고 창조를 이루어 낸 개인의 실존을 부정하는 것은 불합리한 일일 것이다. 그러나 나는, 적어도 어떤 시대 이후로는, 하나의 가능한 작품이 빚어지는 지평 위에서 텍스트를 쓰기 시작하는 존재로서의 개인이 저자의 기능(fonction de l'auteur)을 다시 취한다고 생각한다. 이 사람이 쓰는 것, 그리고 쓰지 않는 것, 설령 작품 스케치라는 잠정적 초안의 명목이라 할지라도 이 사람이 그려 내는 것, 일상의 말들처럼 사라지도록 내버려 두는 것 등과 같은 이 모든 차이들의 놀이(jeu de différences)는 ―이 사람이 시대에 따라 저자 기능을 받아들이거나, 또는 역으로 수정하는 방식에 따라― 달리 규정될 것이다. 왜냐하면 이 사람은 저자에 대해 사람들이 가지고 있는 전통적 이미지를 뒤흔들 수 있기 때문이다. 자신이 매일 말할 수도 있었을 것들, 매일 말하는 것들 안에서 이 사람이 언제든 작품의 여전히 불안정한 윤곽을 뚜렷이 잘라 낼 수 있는 것은 저자의 이러한 새로운 지위(position)로부터이다.

주석이 아마도 되풀이(répétition)와 같음(même)의 형식을 가질 특정한 동일성[정체성]의 놀이(jeu d'une identité)에 의해 담론의 우연을 제한한다면, 저자의 원칙은 이 동일한 우연을 자아(moi)와 개별성(individualité)의 형식을 갖는 동일성[정체성]의 놀이에 의해 제한한다.

3) 마찬가지로, 우리는 ―과학(sciences)이 아니라― '분과학문'(disciplines)이라 불리는 것 안에서도 또 다른 제한(limitation)의 원칙을 식별해 내야 한다. 이 원칙 역시 상대적이며 유동적이다. 이 원칙은 매우 엄격한 놀이를 따르는 동시에, 구성을 가능케 해 주는 원칙이다.

분과학문의 조직화는 저자의 원칙은 물론 주석의 원칙과도 대립한다. 특정 분과학문은 특정 대상 영역, 방법론의 총체, 참인 것으로 간주되는 명제들의 집적체, 규칙·정의·기법·도구의 놀이에 의해 규정된다. 이 모든 것은 그것을 사용하고자 하는 의지와 능력을 가진 자에게 제공되는 일종의 익명적 체계를 구축하지만, 이때 사용자가 그 체계의 창안자로 간주되는 사람의 의미 또는 타당성에 필연적으로 연결되는 것은 아니다. 한편, 분과학문의 원칙은 또한 주석의 원칙에 대해서도 대립한다. 주석과 달리, 분과학문의 시작점에서 가정되는 것은 이후 재발견되어야 할 어떤 의미, 또는 되풀이되어야 할 어떤 동일성이 아니며, 새로운 언표의 구축을 위해 다시금 획득되어야만 하는 무엇이다. 따라서 분과학문이 존재하기 위해서는 형식화 가능성, 곧 새로운 명제를 무한히 형식화할(formuler) 수 있는 가능성이 선행되어야 한다.

그러나 그 이상이 있다. 그 이상은, 물론, 그 이하가 존재하기 위한 가능 조건이다. 하나의 분과학문은 무엇인가와 관련하여 참인 것으로 말해질 수 있는 모든 것의 단순한 총합이 아니다. 분과학문은 마찬가지로 주어진 동일한 무엇인가와 관련되면서 정합성 또는 체계성의 원칙에 의거하여 인정될 수 있는 모든 것의 집합도 아니다. 의학은 질병에 대해 우리가 참이라고 말할 수 있는 것들의 총체에 의해 구성되지 않는다. 식물학은 식물에 관련되는 모든 진실의 총합으로서 정의될 수 없다. 이에는 두 가지 이유가 있다. 우선, 식물학 또는 의학은, 다른 모든 분과학문들과 마찬가지로, 진리뿐만 아니라 오류(erreurs)에 의해서도 만들어진다. 이 오류는, 낯선 조직체 또는 잔여물이 아니며, 오히려 다양한 긍정적 기능, 종종은 진리 기능과 분리 불가능한 자신만의 역사적 실효성(efficace)을 갖는 오류이다. 그러나, 그 밖에도, 하나의 명제는 어떤 면에서는 순수하고 단순한 진실보다 훨씬 더 엄격하고 복잡한 여러 조건들, 어떤 경우이든 또 다른 여러 조건들에 합치해야만, 식물학 또는 병리학에 속할 수 있다. 하나의 명제는 이미 확정된 대상의 특정 평면에 관련되어야 한다. 17세기 말 이후, 예를 들면, 하나의 명제가 '식물학적'이기 위해서는 반드시 식물의 가시적 구조,

가깝거나 먼 유사성의 체계, 또는 그 유체들의 역학과 관련되어 있어야 했다(이제, 명제는 더 이상 16세기처럼 자신의 상징적 가치를 보존하거나, 또는 고대에 부여받았던 자질과 덕성의 집합을 보존하지 않는다). 그러나 하나의 명제는, 특정 분과학문에 귀속되지 않고도, 잘 규정된 특정 유형의 기법 또는 개념적 도구를 사용해야만 한다. 19세기 이후, 하나의 명제가 〔울혈(鬱血), 뜨거운 액체 또는 건조한 고체의 경우처럼〕 동시에 은유적·질적·실체적인 관념의 놀이를 수행하는 경우, 명제는 의학적 지위를 상실하면서 '의학의 바깥으로' 추방되어 다만 대중의 공상 또는 개인적 환상이라는 가치만을 갖게 되었다. 이전과는 달리, 이제 하나의 명제는 여전히 전적으로 은유적이지만 이번에는 (자극, 조직의 염증 또는 변질 등처럼) 새로운 기능적·생리학적 모델에 기초한 관념에 의거해야만 했다. 물론, 이것이 다가 아니다. 하나의 명제는 이론적 지평의 특정 유형에 기입될 수 있는 경우에만 특정 분과학문에 속할 수 있었다. 이를 이해하기 위해서는 18세기까지만 해도 완벽히 공인된 학문적 주제에 속하던 원시 언어에 대한 탐구가 19세기 후반에 접어들면서 그것이 무엇이든 하나의 담론을, 오류가 아닌, 환상으로, 또 몽상을 순수하고도 단순한 언어학적 괴물성으로 격하시키는 것만으로도 충분했다는 사실을 상기하는 것만으로도 충분하다.

각각의 분과학문은 자기 한계의 내부에서 참인 명제와 거짓 명제를 식별해 내는 동시에, 그 여백의 다른 한편에서는, 지식의 기형학(畸形學, teratologie du savoir) 전반을 자라게 한다. 특정 과학의 외부는 우리가 믿는 다소간의 것들로 가득 차 있다. 물론, 끊임없이 기억이 없는 믿음을 담고 있으며 또 갱신하는 상상적 주제들, 즉각적 체험이 있다. 그러나, 오류란 한정된 특정 실천의 내부에서만 출현하고 또 결정될 수 있는 것이므로, 아마도 엄격한 의미의 오류 또한 존재하는 것이 아닐까? 반면, 괴물은 지식의 역사와 더불어 자신의 형태를 변화시키며 어슬렁거린다. 간단히 말해, 하나의 명제가 특정 분과학문의 집합에 귀속될 수 있기 위해서는 복잡하고도 엄격한 요청들을 만족시켜야 한다. 하나의 명제가 참이거나 거짓이라고 말해질 수 있기 위해서는, 먼저 그 명제가 ─조르주 캉길렘(Georges Canguilhem, 1904-1995)이 말하듯─ '참인 것 안에'(dans le vrai) 존재해야만 한다.

사람들은 종종 어떻게 19세기의 식물학자들 또는 생물학자들이 멘델(Gregor Mendel, 1822-1884)이 말한 것이 참이라는 사실을 보지 못할 수 있었는가를 자문하곤 했다. 그러나 이는 멘델이 말한 대상, 작업에 사용한 방법론, 멘델이 위치했던 이론적 지평이 멘델 동시대의 생물학에는 낯선 것이었기 때문이다. 의심의 여지 없이, 멘델 이전의 [프랑스의 생물학자] 노댕(Charles Victor Naudin, 1815-1899)은 유전적 특성이 불연속적(discrète)이라는 주장을 제기했다. 그러나 이 원칙은 그것이 얼마나 새롭고 낯선 것이든 간에 ―최소한 수수께끼의 형식으로라도― 생물학 담론의 일부를 형성할 수 있었다. 그러나 멘델은 당시까지 결코 사용된 적이 없던 새로운 여과 장치에 힘입어 유전적 특성을 전적으로 새로운 생물학적 대상으로 구성한다. 멘델은 유전적 특성을 종(種)으로부터, 그리고 그것을 실어 나르는 성(性)으로부터 분리해 낸다. 그리고 멘델이 관찰한 영역은 통계적 규칙성에 따라 유전적 특성들이 나타나고 사라지는 세대들의 무한히 열린 계열이다. 새로운 대상은 새로운 개념적 도구와 새로운 이론적 기초를 요청한다. 멘델은 진실을 말했지만, 그는 동시대 생물학 담론의 '참인 것 안에' 들어 있지 않았다. 당시 생물학에서 개념과 대상을 형성하던 규칙은 멘델의 새로운 규칙과는 전혀 다른 것이었다. 멘델이 참인 것 안에 들어오고, 멘델의 명제가 (상당 부분) 정확한 것으로 드러나기 위해서는 전적으로 새로운 생물학적 대상 평면의 전개, 전적인 층위의 변화가 필요했다.

멘델은 참된 괴물(monstre vrai)이었고, 동시대의 과학이 말할 수 없었던 것을 행했던 사람이었다. 한편, 예를 들어, 19세기 중반 멘델보다 30년 정도 앞서 식물의 성을 부정했던 [독일의 식물학자] 슐라이덴(Matthias Jakob Schleiden, 1804-1881)은 동시대 생물학 담론의 규칙에 따라 분과학문 내에 존재하는 하나의 오류로 간주되었다.

우리가 특정한 야생적 외부성의 공간 안에서 참인 것을 말하는 것은 늘 가능한 일이다. 그러나 우리는 오직 우리가 매번의 담론마다 재활성화시켜야만(réactiver) 하는 특정 담론 '경찰'(police)의 규칙들을 준수할 경우에만 참인 것 안에 있게 된다.

분과학문은 담론 생산의 통제 원칙이다. 분과학문은 규칙의 영원한 재활성화(réactualisation) 형식 아래 전개되는 특정한 동일성[정체성]의 놀이에 따라 한계를 확정한다.

우리는 저자의 풍부함, 주석의 다양함, 분과학문의 전개 안에서 담론 창조의 무한한 원천을 보는 것에 익숙해져 있다. 아마도 그럴 것이다. 그러나 그렇다고 해서 이 원칙들이 구속(拘束, contrainte)의 원칙들이 아닌 것은 아니다. 그리고 우리가 이러한 원칙들의 제한하고 구속하는 기능을 고려하지 않는다면, 이 원칙들의 긍정적이고 생산적인 기능 역시 이해할 수 없을 것이다.

주체의 희소화

또한, 나는 담론 통제의 세 번째 절차가 존재한다고 믿는다. 이번에는 담론이 담지하는 권력을 지배하거나 담론 출현 방식의 우연성을 내쫓는 것이 아니라, 담론 작동의 조건을 결정하고 담론을 사용하는 개인들에게 일련의 규칙들을 강요하며 그럼으로써 아무나 담론에 접근하지 못하도록 하는 것이 관건이다. 관건은 말하는 주체의 희소화이다. 특정한 요구들을 만족시키지 못하거나 또는 처음부터 말을 할 수 있는 자격을 갖지 못한 경우, 아무도 담론의 질서에 들어갈 수 없다. 보다 정확히는, 어떤 담론 영역도 모두에게 공평하게 열려 있거나 진입 가능하지 않다. 어떤 영역들은 (차등화된 동시에 차등화를 생산하는) 높은 방어 장벽을 가지고 있는 반면, 또다른 몇몇 영역들은 특별한 제한 없이 거의 모든 주체에게 쉽게 열려 있는 것으로 보인다.

나는 이 주제와 관련하여 믿기 어려울 정도로 적절한 일화 하나를 상기시키고 싶다. 이 일화에서 담론권력을 제한하고, 우연적 출현을 방지하며, 말하는 주체들 가운데 선택을 행하는 등의 담론과 관련된 모든 강제는 단 하나의 인물로 귀결된다. 17세기 초 쇼군(將軍)[도쿠가와 이에야스(德川家康, 1542-1616)]은 항해, 상업, 정치, 군사학에 관련된 유럽의 우월성이 수학에 대한 인식에 기인한다는 말을 들었다. 쇼군은 이렇게 귀중한 지식을 독점하고 싶어 했다. 사람들은 쇼군에게 이 놀라운 담론의 비밀을 소유하고 있는 한 잉글랜드의 선원에 대해 말해 주었다. 쇼군은 이 선원을 자신의 궁으로 불러 가두어 놓고, 일대일로 앉아 수업을 들었다. 쇼군은 수학 강의를 들었다. 쇼군은 실제로 권력을 보존했고, 아주 오래 살았다. 일본에 [서양적 의미의] 수학자들이 나타난 것은 19세기가 되어서이다. 그러나 이 일화는 여기서 끝이 아니다. 이 일화의 유럽 버전이 있다. 역사는 이 잉글랜드 선원 곧 윌리엄 애덤스(William Adams, 1564-1620)가 독학자였으며, 배를 만드는 목수였던 윌리엄 애덤스가 기하학을 배웠음을 알려 준다.[4] 이 일화에서 우리는 유럽 문화가 갖는 거대한 신화의 한 구체적 표현을 보아야 할까? 사람들은 지식을 독점하면서 비밀스러운 것으로 남겨 두는 동양적 전제주의

---

4   윌리엄 애덤스에 대해서는 다음의 책을 참조하라. Giles Milton, *Samurai William. The Adventurer who unlocked Japan*, London: John Murray, 2003; 가일스 밀턴, 『사무라이 윌리엄』, 조성숙 옮김, 생각의나무, 2003.

(tyrannie orientale)와 인식의 보편적 소통 및 담론의 자유롭고 무한한 교환을 특징으로 하는 유럽을 대비시킬 것이다.

그런데, 이러한 주장은 물론 검토를 견뎌 내지 못한다. 교환과 소통은 제한의 복잡한 체계 내부에서 작동하는 실증적 (positives) 형상들이며, 결코 제한 체계(système de restriction)의 바깥에서 독립적으로 작동하지 않는다. 이 제한 체계의 가장 가시적이며 가장 표면적인 형식을 우리는 의례(儀禮, rituel)라는 이름 아래 정리해 볼 수 있을 것이다. 의례는 말하는 (그리고 대화·질문·낭송 등의 놀이에서 이런저런 지위를 차지하면서 이런저런 언표를 형성해야 하는) 개인이 보유하고 있어야만 하는 자격(資格, qualification)을 규정한다. 의례는 태도, 행동거지, 상황 및 담론에 수반되는 기호의 전체 집합을 규정한다. 의례는 마지막으로 말에 대해 가정 또는 강요되는 실효성, 말이 건네지는 사람들에 대해 발생하는 효과, 강제되는 가치의 한계를 확정시킨다. 종교적·법적·치료적, 그리고 일정한 한도 내에서, 정치적 담론은 모두 말하는 주체의 고유한 특성과 관습적 역할을 동시에 규정하는 의례의 실행과 사실상 분리 불가능하다.

이와는 약간의 차이를 보이는 또 다른 기능은 '담론사회'(sociétés de discours)로, 담론사회의 기능은 담론의 보존·생산이다.

담론사회가 닫힌 특정 공간 안에서 담론을 유통시키기 위해서는 엄격한 규칙에 따라 담론을 분배해야 하지만, 이런 분배 작용 자체에 의해 그 보유자의 소유가 박탈되어서는 안 된다. 우리는 낭송되어야 하는, 또는 달리 말해지고 변형되어야 하는 시에 대한 인식을 갖고 있는 음유시인들의 집단에서 담론사회의 원형적 모델 중 하나를 발견한다. 그러나 이 인식은 한정된 집단에 의해 ―결국 그것이 의례에서의 낭송을 목적으로 하는 한― 낭송 행위가 함축하는 종종은 매우 복잡한 기억 행위를 통해 보호되고 옹호되며 보존되었다. 낭송 행위가 들려주기는 하지만 결코 알려 주지는 않는 하나의 비밀, 하나의 집단 속으로의 동시적 진입을 개인에게 허락하는 것은 도제식 학습이었다. 말하기와 듣기라는 두 기능은 교환 불가능한 것이었다.

물론 비밀과 누설이라는 양면성의 놀이에 의해 작동되는 이런 '담론사회'는 이제 더 이상 남아 있지 않다. 그러나 이를 착각해서는 안 된다. 상호교환 불가능성(non-interchangeabilité)과 비밀의 전유(專有) 형식은 심지어 참인 담론의 질서와 모든 의례의 공표된 자유로운 담론의 질서에서도 여전히 작동한다. 오늘날 서적의 형식 아래 제도화되어 있는 글쓰기 행위, 편집 체계, 작가라는 인격은 막연하지만 분명 강제적인 특정 '담론사회' 안에서 발생한다. 말을 하고 글을 쓰는 모든 다른 주체들의 행위에 끊임없이 스스로를 대립시키는 작가의 차이, 작가가 자신의 담론에 부여하는 자동사적 성질, 작가가 '글쓰기'(écriture)에 오래전부터 할당해 왔던 근본적 유일성, '창작'과 그 외 모든 언어체계의 활용 사이에 존재하는 것으로 인정되는 비대칭성, 이 모든 것은 형식화 작업 안에서 특정 '담론사회'의 존재를 드러낸다(그리고 무엇보다도 실천의 놀이 안에서 이 '담론사회'의 존재를 다시금 드러낸다). 그러나 물론 배제와 누설의 또 다른 체계를 따르는 전혀 다른 양식의 담론사회들 역시 존재한다. 우리는 기술적·과학적 비밀, 의학 담론의 유통과 분산에 관련된 형식들, 경제 또는 정치 담론을 전유하는 다양한 사회들을 생각해 볼 수 있을 것이다.

얼핏 보기에, (종교적·정치적·철학적) '교의들'(doctrines)이 구축하는 것은 특정 '담론사회'의 역(逆)이다. 비록 확정되어 있는 것은 아니라 해도, 이 경우 말하는 개인의 숫자는 제한되는 경향이 있다. 그리고 담론이 유통되고 전달될 수 있는 것은 바로 이들 사이에서이다. 반면, 교의는 분산되는 경향이 있다. 그리고, 그 숫자가 얼마이든, 개인들이 자신들의 상호 귀속(歸屬, appartenance)을 정의하는 것은 담론들이 구성하는 유일하고 동일한 특정 집합의 공유에 의해서이다. 겉으로 보기에, 요청되는 유일한 조건은 동일한 진실의 인식, 그리고 공인된 담론의 일관성에 관련된 —다소간 유연한— 몇몇 규칙의 인정인 것처럼 보인다. 만약 이것이 전부라면, 교의는 과학적 분과학문과 그리 다르지 않을 것이고, 담론의 통제 역시 말하는 주체가 아닌, 언표의 내용 또는 형식에만 적용될 것이다. 그런데, 교의의 귀속은 언표와 말하는 주체에 동시적으로 연루되는 것으로, 늘 서로를 통해 작용한다. 이는 어떤 주체가 하나 또는 여러 개의 동화(同化) 불가능한(inassimilables) 언표들을 형식화할 때 작동하는 거부의 메커니즘 및 배제의 절차에서 잘 드러나듯이, 교의의 귀속은 언표를 통해서 그리고 언표로부터 출발하여 말하는 주체를 문제시한다. 이단과 정통은 결코 교의 메커니즘의 광신적인 극단적 표현이 아니며, 근본적으로 교의 메커니즘의 일부이다. 그러나 역으로 교의 역시 —교의가 늘 계급, 사회적 지위 또는 인종, 국적 또는 이해관계, 투쟁, 반항, 저항 또는 승인 등과 같은 기존 귀속 작용의 도구·표시·기호로서의 가치를 갖는 한— 말하는 주체로부터 출발하여 언표를 문제시한다. 교의는 개인들을 특정 유형의 언표 작용 및 금지, 그리고 그 결과로서, 그 밖의 모든 것들에 연결시킨다. 그러나 교의는 반대로 개인들 사이를 연결시켜 주는 동시에 다른 모든 것들로부터 구분 지어 주는 특정 유형의 언표 작용에 봉사한다. 교의는 말하는 주체를 담론에 예속시키는 동시에, 적어도 잠재적으로는, 담론을 말하는 개인의 집합에 예속시키는 이중적 예속화 작용(double assujettissement)을 수행한다.

마지막으로, 훨씬 더 광범위한 층위에서, 우리는 우리가 담론의 사회적 전유(appropriation sociale des discours)라 부를 수 있을 무엇인가로부터 거대한 분열들(clivages)을 식별해 내야만 한다. 물론 교육은, 우리의 것과 같은[유럽] 사회에서는, 원칙적으로는 모든 개인이 어떤 유형의 담론에도 접근할 수 있게 해 주는 도구이지만, 우리는 교육이 ―그 분배 과정 및 자신이 허락 또는 금지하는 전 과정을 가로질러― 사회적 투쟁, 대립, 거리에 의해 확립된 노선을 따른다는 사실을 잘 알고 있다. 모든 교육 체계는, 자신이 담지하는 권력 및 지식을 통하여, 담론의 전유를 유지 또는 변경시키는 하나의 정치적 방식이다.

나는 방금 내가 한 것처럼 말의 의례, 담론사회, 교의 집단 그리고 사회적 전유 작용을 구분하는 것이 매우 추상적이라는 점을 잘 이해하고 있다. 대부분의 경우, 이것들은 서로서로 연결되면서 다양한 유형의 담론 안에서 말하는 주체의 분배 및 특정 주체 범주에 의한 담론의 전유를 보증하는 일종의 거대한 구조물을 구축한다. 여기서 우리는 이들을 한 마디로 담론 예속화의 거대 절차들(grandes procédures d'assujettissement du discours)이라고 부르기로 하자. 결국, 교육 체계란 말의 의례화, 말하는 주체를 위한 역할의 고정 및 자격부여 작용, 적어도 분산된 특정 교의 집단의 구축, 자신의 권력과 지식을 갖는 담론의 분배와 전유 이외의 무엇일 수 있을까? (작가의) '글쓰기'란 아마도 다소간은 상이한 형식들을 갖고 있지만 그 거대한 분절들은 서로 비슷한 예속화의 닮은꼴 체계 이외의 무엇일 수 있을까? 사법 체계, 그리고 의학의 제도적 체계 역시, 적어도 몇몇 측면에 있어서는, 동일한 담론의 예속화 체계를 구축하지 않는가?

초월적 주체의 철학

나는 철학의 주제 중 몇몇 또한 방금 기술한 바와 같은 배제와 제한의 놀이에 상응하지는 않는지, 그리고 나아가 강화하지는 않는지 자문해 본다.

이러한 놀이에 답하기 위해서는, 우선, 특정의 관념적 진실(vérité idéale)을 담론의 법칙으로, 내재적 합리성(rationalité immanente)을 그 전개의 원리로 제시하는 동시에, 진실에의 욕망 자체 및 오직 사유의 힘에 의해서만 허락되는 인식의 윤리(éthique de la connaissance)를 갱신해야만 할 것이다.

다음으로, 담론 일반의 특수한 실재성을 담지하는 부인(否認, dénégation)에 의해 이러한 놀이를 강화해야만 할 것이다.

소피스트들의 놀이와 교제가 축출된 이래, 우리가 다소간의 확신과 함께 그들의 역설을 침묵시킨 이래, 서양의 사유(pensée occidentale)는 담론이 사유와 말 사이의 가능한 한 최소한의 장소만을 갖도록, 담론하기(discourir)가 사유하기(penser)와 말하기(parler) 사이의 특정한 잔여물로서만 나타나도록 늘 감시하고 있는 것처럼 보인다. 이는 말(mots)에 의해 가시적이 되고 기호(signes)라는 새로운 옷을 입은 사유, 또는 역으로 의미 효과를 생산하며 작동하는 랑그의 구조들 자체(structures mêmes de la langue)일 것이다.

철학적 사유에서 보이는 담론적 실재성(réalité du discours)의 제거는 오랜 역사를 가지며 시대에 따라 다양한 형태를 갖는다. 우리는 우리에게 친숙하고도 다양한 여러 주제의 측면에서 아주 최근에도 이를 발견했다.

1) 정초하는 주체(sujet fondateur)라는 테마가 담론의 실재성을 제거하는 데 도움을 준다고 우선 말할 수 있을 것이다. 정초적 주체는 사실상 자신의 목표물로부터 랑그라는 텅 빈 형식을 직접적으로 활성화시킨다. 정초적 주체는 텅 빈 사물의 무능력 또는 두께를 가로질러 거기에 놓여 있는 의미를 직관 속에서 재포착한다. 마찬가지로, 정초적 주체는 또한 시간을 가로질러 역사가 다만 사후적으로만 명시적으로 그려 낼 수 있을 뿐인 의미 작용의 지평(horizons de significations)을 기초 짓는다. 의미 작용의 지평은 결국 명제, 과학, 연역적 집합이 자신의 기초를 발견하는 곳이다. 정초적 주체는 의미와의 관계 맺음을 통해 기호·표지·흔적·문자를 배치한다. 그러나 물론 정초적 주체가 이러한 배치를 행하기 위해 담론

이라는 유일한 심급을 반드시 경유해야만 하는 것은 아니다.

2) 정초하는 주체의 맞은편에는, 유비적(analogue) 역할을 수행하는 원초적 체험(expérience originaire)의 테마가 있다. 원초적 체험의 테마는 다음과 같은 것을 가정한다. 어떤 의미에서는 이미 말해진 사전(事前)적 의미 작용(significations préalables)은 ㅡ그것이 특정 코기토[사유주체](cogito)의 형식 아래 재포착되기 전에도ㅡ 이미 체험과의 직접적 연관성 아래 세계를 주파하면서, 우리 주위에 세계를 제공하면서, 처음부터 일종의 기초 인식(primitive reconnaissance)을 향해 세계를 열어젖힌다. 이처럼 세계와의 원초적 공모관계는 우리를 위해 세계 안에서 세계에 대해 말하고 지시하고 명명하며 판단하며, 결국 진실의 형식 아래 세계를 인식할 수 있는 가능성을 확립해 준다. 만약 담론이란 것이 있고, 그리고 그것이 이산(離散)적[은밀한](discrète) 독해가 아니라면, 담론은 도대체 정당한 의미에서 무엇일 수 있겠는가? 사물들은 이미 우리의 언어가 일으켜 세우기만 하면 되는 하나의 의미를 중얼거리고 있다. 그리고 이 언어는 이미 가장 기초적인 기획에서부터 우리에게 하나의 존재에 대해 말을 하고 있었다. 그리고 언어는 이 존재의 한 잎맥에 불과하다.

3) 나는 보편적 매개(universelle médiation)의 테마가 여전히

담론의 실재를 생략해 버리는 하나의 방식이라고 믿는다. 이는 물론 겉으로 보이는 것과는 다르다. 왜냐하면, 얼핏 보기에, 특이성을 개념으로 상승시켜 주면서 직접적 의식으로 하여금 결국 세계의 모든 합리성을 펼쳐 내는 로고스의 운동을 모든 곳에서 재발견하기 위해 우리가 사변의 한가운데에 놓아야 하는 것은 다름 아닌 담론 자체인 것처럼 보이기 때문이다. 그러나 실상 이 로고스는 사실 이미 취해진(déjà tenu) 담론에 불과하다. 아니, 차라리 자신의 고유한 본질이 갖는 비밀을 펼치면서 알아차리지 못하는 사이에 담론을 생산해 내는 것은 사건들과 사물들 자체이다. 담론은 자신의 눈앞에서 태어나고 있는 특정한 진실의 반짝거림(miroitement)에 다름 아니다. 그리고 결국 모든 것이 담론의 형식을 취할 수 있을 때, 모든 것이 말해질 수 있고 또 담론이 모든 것에 관해 말해질 수 있을 때, 이것이 가능한 이유는 자신의 의미를 드러내고 교환하는 모든 사물들이 자기의식이라는 조용한 침묵 속으로 침잠해 들어갈 수 있기 때문이다.

따라서 담론은 정초하는 주체의 철학이든, 원초적 체험의 철학이든, 또는 보편적 매개의 철학이든, 오직 하나의 놀이이다. 담론은 정초적 주체의 철학에서는 글쓰기의 놀이이고, 원초적 체험의 철학에서는 독해의 놀이이며, 보편적 매개의 철학에서는 교환의 놀이이다. 그리고 이 교환, 독해, 글쓰기는 오직 기호들을 작동시킬 뿐이다. 담론은 이렇게 스스로를 의미 작용의 질서에 종속시킴으로써 자신의 실재성 안에서 스스로 무화(無化)되어 버린다.

얼핏 보기에, 어느 문명이 우리의[유럽] 문명보다 담론을 존중했던가? 어느 문명이 우리 문명보다 담론을 더 그리고 많이 찬양했던가? 어느 문명이 우리만큼 담론을 구속으로부터 해방시키고 또 보편화시켰던가? 그런데 담론에 대한 이런 외관상의 존중과 로고스에 대한 사랑(logophilie) 아래에는 일종의 두려움이 숨어 있다. 모든 것은 마치 금지, 장벽, 문턱 그리고 제한이 설령 부분적일지라도 담론의 거대한 증식 작용을 지배할 수 있다는 듯이, 그러한 풍부함이 가장 위험한 부분을 제거할 수 있다는 듯이, 통제 불가능한 것을 피하게 해 주는 형상들에 따라 무질서가 조직될 수 있다는 듯이 이루어진다. 모든 것은 마치 우리가 사유와 언어의 놀이 안에 존재하는 분출의 표시마저도 지워 버리고 싶어 했다는 듯이 이루어진다. 의심의 여지 없이, 우리[유럽] 사회에는 ―그리고 나는 다른 사회들도 그러하리라고 상상해 본다― 각각의 상이한 분절과 윤곽을 따라, 이 사건들에 대한, 일군의 말해진 사물들에 대한, 이 모든 언표들의 분출에 대한, 폭력적이고 불연속적이며 투쟁적이고 질서에 반하는 것이자 위협적인 것일 수도 있는 모든 것에 대한, 담론의 이런 끊임없이 혼란을 불러일으키는 거대한 웅성거림에 대한 일종의 귀먹은 두려움, 로고스에 대한 깊은 혐오(logophobie)가 존재한다.

그리고 만약 우리가 이 두려움을 —나는 지워 버린다고 말하지 않는다— 그것의 조건, 놀이, 효과의 측면에서 분석하고자 원한다면, 오늘날 우리의 사유가 적지 않게 저항하고 있으며 방금 내가 언급한 세 가지 기능 집단에 상응하는 세 가지 결정 작용(décisions)에 집중해야 한다고 믿는다. 그것은 우리의 진실의 의지를 다시금 문제 삼고(remettre en question notre volonté de vérité), 담론에 사건적 특성을 회복시켜 주며(restituer au discours son caractère d'événement), 마지막으로 시니피앙의 절대권을 제거하는(lever enfin la souveraineté du signifiant) 작업이다.

방법론적 요청들

— 전복 · 불연속 · 특이성 · 외재성

이런 것들이 내가 이곳[콜레주 드 프랑스]에서 앞으로 이어질 몇 년 동안 수행하려는 작업의 과제들, 또는 차라리 테마들 중 몇몇이다. 우리는 즉시 이러한 작업이 필요로 하는 몇 가지 방법론적 요청들을 규정해 볼 수 있다.

1) 우선 전복(renversement)의 원칙이 있다. 이는 우리가, 전통에 따라, 저자, 분과학문, 진실의 의지처럼 긍정적 역할을 수행하는 듯이 보이는 여러 형상들 안에서 담론의 원천, 증식 작용 및 연속성의 원칙을 식별해 낸다고 믿는 영역에 관련되는데, 이로부터 우리는 오히려 담론의 희소화와 분할이라는 부정적 놀이를 식별해 내야 한다.

그러나, 우리가 일단 이 희소화의 원칙들을 규정하고, 이 원칙들을 더 이상 창조적인 근본 심급(instance fondamentale et créatrice)으로 인정하지 않는다면, 우리는 그 아래에서 무엇을 발견하게 될까? 단절 없는 특정 담론 세계의 잠재적 충만함을 인정해야만 하는 것일까? 바로 이곳이 또 다른 방법론적 원칙들을 작동시켜야만 하는 지점이다.

2) 불연속(discontinuité)의 원칙이 그 하나이다. 희소화의 체계들이 존재한다는 말이, 이들의 배후 또는 위에, 이 체계들에 의해 억압되거나 억제된 채 존재하는 어떤 무한하고 연속적인 암묵적 거대 담론이 지배한다거나, 또는 우리가 이 거대 담론 안에서 결국 말(parole)을 복원하고 되살려 내야만 한다는 의미는 아니다. 세계를 관통하면서 하나의 말해지지 않은 것(non-dit) 또는 사유되지 않은 것(impensé)을 세계의 모든 형식들 및 사건들과 함께 엮어 냄으로써 결국은 분절 또는 사유를 수행하는 것만이 관건이라는 식의 상상을 해서는 안 된다. 담론들은 때로 서로 교차 또는 병치되지만, 또 동시에 서로를 무시 또는 배제하는 일련의 불연속적인 실천들(pratiques discontinues)로서 간주되어야만 한다.

3) 특이성(spécificité)의 원칙이 있다. 담론을 이미 존재하는 의미 작용의 놀이 안으로 해소시켜 버려서는 안 된다. 세계가 단지 해독(解讀)만이 남아 있는 독해 가능한 얼굴로 우리를 돌아보고 있다고 상상해서는 안 된다. 세계는 우리의 인식과 공모(共謀) 관계에 있지 않다. 담론에 앞서 존재하면서 우리를 위해 세계를 제공해 주는 섭리는 존재하지 않는다. 담론을 우리가 사물들에 행하는 하나

의 폭력, 어떤 경우이든 우리가 사물들에 부과하는 하나의 실천으로 간주해야 한다. 그리고 담론적 사건들이 자기 규칙성의 원칙을 찾아내는 것은 바로 이러한 실천 안에서이다.

4) 네 번째 규칙은 외재성(extériorité)의 원칙이다. 담론에 내재하는 숨겨진 핵(核), 또는 담론 안에서 스스로 드러나는 어떤 의미 작용 또는 사유의 중심을 찾으려 해서는 안 된다. 오히려, 담론 자체로부터 그리고 담론의 출현 및 규칙성으로부터 담론 가능성의 외재적 조건들 곧 이 사건들의 우발적 계열을 발생시키고 경계를 확정하는 어떤 것을 찾아내야 한다.

이 네 가지 관념들은 따라서 사건(événement)의 원칙, 계열(série)의 원칙, 규칙성(régularité)의 원칙 및 가능 조건(condition de possibilité)의 원칙이라는 분석에 관련되는 네 가지 제어 원칙(principe régulateur)으로서 기능해야 한다. 이들 중 사건은 창조(création)에, 계열은 통일성(unité)에, 규칙성은 원본성(originalité)에, 가능 조건은 의미 작용(signification)에 각기 대립된다. (의미 작용, 원본성, 통일성, 창조라는) 이 마지막 네 가지 관념들은 창조의 시점, 특정 작품, 테마, 또는 시대의 통일성, 개인적 독창성의 표지 및 묻혀 있는 의미 작용이라는 무한한 보고(寶庫)에 대한 공통적 추구라는 이름 아래 전통적 관념사를 전반적으로 지배했다.

　　나는 다음과 같은 두 가지 언급만을 덧붙이고자 한다. 첫 번째는 역사에 관련된다. 우리는 종종 이제까지 개별 사건에 주어졌던 우위가 제거되고 장기 지속 구조가 출현하게 된 것을 동시대 [아날학파] 역사학의 공으로 돌리곤 한다. 물론 그렇다. 그럼에도 불구하고 나는 역사가들의 작업이 실제로 정확히 이러한 방향으로 이루어졌는가에 대해서는 확신하지 못하고 있다. 또는 차라리, 나는 사건의 지표화(repérage de l'événement)와 장기 지속(longue durée)에 의한 분석의 사이에 역전된 이유와 같은 무엇인가가 있었다고는 생각하지 않는다. 반대로, 내게는 우리가 전투, 법령, 왕조, 의회 등을 넘어 백 년 또는 몇백 년에 걸쳐 있는 거대한 현상이 드러나는 것을 볼 수 있게 된 것은 사건의 씨앗을 극단으로까지 다시금 포착하면서, 역사적 분석의 해결 능력을 주(週) 단위, 연(年) 단위로 이어지는 항구의 견적서, 교구의 등록명부, 공증 증서, 시장 시세표에 이르기까지 밀어붙인 결과 이루어진 것으로 보인다. 오늘날 수행되고 있는 바와 같은 역사는 사건을 피해 가지 않는다. 오히려 오늘의 역사는 사건의 영역을 끊임없이 확장한다. 오늘의 역사는, 표층에서든 심층에서든, 사건의 새로운 층위들을 끊임없이 발견한다. 오늘

의 역사는, 우리가 겪는 거의 일상적인 가격 변동으로부터 수백 년
에 걸쳐 있는 통화 팽창에 이르기까지, 때로는 다수의 집적되고 교
환 가능한 형태를 갖지만 또 때로는 희소하지만 결정적인 형태를
갖는, 새로운 집합들을 끊임없이 추출해 낸다. 그러나 중요한 것은
역사가 오직 하나의 사건이 속해 있는 계열의 규정, 그 계열이 의존
해 있는 분석양식의 특화, 현상의 규칙성 및 현상의 출현 가능성이
갖는 한계에 대한 인식에의 추구, 곡선의 변양, 변경, 속도에 대한
탐구, 이 곡선이 의존해 있는 조건의 규정에 대한 희구를 통해서만
사건을 바라본다는 것이다. 물론, 역사는 이미 오래전부터 느슨하
게 동질적이며 엄격히 위계화되어 있는 하나의 거대한 생성이라는
미정형의 단일체 안에서 파악되는 원인과 결과의 놀이에 의해 사
건을 이해하려 하지 않는다. 역사는 사건에 앞서는 것으로 가정되
는 낯설고 호전적인 일련의 구조들을 발견하려 하지 않는다. 역사
는 사건의 '장소', 사건의 부침[곡률](aléa)이 보여 주는 여백, 그 출현
의 조건을 추출할 수 있게 해 주는, 때로 발산적이지만 자율적이지
는 않은, 서로서로 중첩되는 다양한 계열들을 확립하고자 한다.

　　　지금 요청되고 있는 근본적 관념들은 의식과 지속성의 관
념이 아니며, 그 상관항으로 가정되는 자유와 인과성의 문제도 아

니다. 마찬가지로 그것은 기호와 구조의 관념도 아니다. 그것은 사건의 관념, 계열의 관념, 그리고 이에 연결되어 있는 규칙성, 확률, 불연속, 의존, 변형이라는 관념의 놀이이다. 내가 생각하는 이런 담론 분석이, 물론 어제의 철학자들이 여전히 '살아 있는' 것으로 간주하는 전통적 주제들이 아니라, 역사가들의 실제 작업과 잘 조응하는 것은 바로 이런 관념들의 집합에 의해서이다.

그러나 이런 분석이 분명 무시무시한, 철학적 또는 이론적인, 문제들을 제기하는 것 역시 바로 이러한 관념들의 집합을 통해서이다. 만약 담론들이 무엇보다도 담론적 사건들의 집합들 (ensembles d'événements discursifs)로서 다루어져야만 한다면, 철학자들에 의해서는 거의 진지하게 고려된 적이 없었던 이 사건의 관념에 우리는 어떤 지위를 부여해야 할까? 물론 사건은 실체(substance)도, 우연(accident)도, 성질(qualité)도, 과정(processus)도 아니다. 마찬가지로, 사건은 물체(corps)의 질서에도 속하지 않는다. 그러나 그럼에도 불구하고 사건은 결코 비물질적인(immatériel) 것이 아니다. 사건은 늘 자신이 그 효과를 취하는 동시에 자신이 그 효과이기도 한 물질성(matérialité)의 차원에 속해 있다. 사건은 물질적 요소들의 선택(sélection), 축적(accumulation), 교차(recoupement), 분산(dispersion), 공존(coexistence), 관계(relation) 안에 자신의 장소를 가지며, 또 이런 작용들을 따라 구성된다. 사건은 결코 어떤 물체의 속성 또는 작용이 아니다. 사건은 물체적 분산 작용 안에서, 또한 그 효과로서, 생성되는 어떤 것이다. 사건의 철학은 어떤 비물체적인 것의 유물론(matérialisme de l'incorporel)이라는 일견 역설적 방향을 향해 나아간다고 말해 두자.

　　다른 한편, 만약 담론적 사건이 동질적이지만 서로에 대해 연속적이지는 않은 일련의 계열들을 따라 다루어져야 한다면, 우리는 이 불연속성(discontinu)에 어떤 지위를 부여해야 할까? 이때의 관건은 물론 시간적 순간들(instants)의 연속도, 생각하는 다양한 주체들(sujets)의 다수성도 아니며, 오직 순간들을 파열시키면서 주체를 가능한 기능들 및 위치들의 다수성으로 분산시키는 중간 휴지부일 뿐이다. 이러한 불연속성은 전통적으로 인정된 가장 작고 가장 반박하기 어려운 단위들, 곧 순간과 주체를 강타하여 무력화시킨다. 그리고, 이들 아래에, 이들과는 독립적으로, 이 불연속적 계열들 사이에, 존재하는 관계들을 상상해 보아야 한다. 이 관계들은 하나의(또는 다수의) 의식 안에 존재하는 연속(또는 동시성)의 질서에 속하지 않는다. 우리는 섬세한 눈길로 시간과 주체의 철학의 외부에 존재하는 하나의 불연속적 체계성의 이론(théorie des systématicités discontinues)을 만들어 내야 한다. 결국, 만약 이 담론적이고 불연속 적인 계열들 각각이 그 한계들 사이에서 생성되는 자신들만의 규칙성을 갖고 있다는 것이 사실이라면, 이 계열들을 구성하는 이러한 요소들 사이에 기계적 인과성 또는 관념적 필연성이라는 연결을 확립하는 것은 당연히 더 이상 불가능한 것이 아닐까? 사건 생산의 범주로 이해되는 확률[곡률](aléa)의 도입을 받아들여야만 한다. 우리는 이곳에서도 역시 우연과 사유의 관계를 사유할 수 있게 만들어 주는 이론의 부재를 감지한다.

그 결과 이 작은 간극(décalage), 이 간극에 나는 사유의 뿌리 자체에 우연(hasard), 불연속(discontinu), 물질성(matérialité)을 도입할 수 있게 해 주는 작은 (아마도 불경한) 장치와도 같은 무엇인가를 인식하게 되는 것이 두렵기조차 하다. 이들은 기존의 어떤 역사 형식[헤겔·마르크스주의]이 관념적 필연성의 연속적 펼쳐짐(déroulement continu d'une nécessité idéale)을 통해 쫓아내고자 시도했던 세 가지 위험이다. 이들은 사유 체계의 역사와 역사가들의 실천을 이어 주는 세 개의 관념이다. 이들은 이론적 숙고 작업이 따라야만 하는 세 가지 방향성이다.

비판과 계보학

이러한 세 가지 원리의 준수 및 지평의 참조를 통해 내가 제시하고자 하는 분석은 다음의 두 집합을 따라 규정된다. 첫 번째는 '비판적'(critique) 집합이다. 비판적 집합은 전복의 원칙을 작동시킨다. 이는 방금 내가 말한 배제·한계·전유(專有)의 형식들을 명확히 하고, 이들이 어떤 필요에 대응하여, 어떻게 형성되는지, 이들이 어떻게 변형되고 또 위치가 바뀌는지, 이들이 실제로 어떤 제약을 수행하는지, 이들이 어떤 기준에 의해 변화하는지를 드러내고자 시도한다. 두 번째는 '계보학적'(généalogique) 집합이다. 계보학적 집합은 다음 세 가지 원칙을 작동시킨다. 담론의 계열들이, 이런 제약 체계들을 가로질러, 이러한 제약 체계에도 불구하고 또는 제약 체계들에 힘입어, 형성되었는가? 이들 계열 각각의 특수한 규범은 무엇이었는가? 이들 계열의 출현·생장·변이의 조건은 어떤 것들이었는가?

우선 비판의 집합부터 살펴보자. 분석의 첫 번째 그룹은 내가 배제의 기능(fonction d'exclusion)이라 부르고자 하는 것에 관련된다. 나는 예전에 이런 문제들 중 하나를 특정 시기에 한정하여 연구한 적이 있는데, 고전주의 시대의 광기와 이성의 분할이 그것이었다. 훗날, 우리는 언어 작용의 금지 체계를 분석하고자 시도해 볼 수 있을 것인데, 이에는 16세기에서 19세기에 이르는 섹슈얼리티와 관련된 연구가 속할 수 있을 것이다. 이때의 관건은 물론 섹슈얼리티에 관련된 언어 작용의 이러한 금지 체계가 어떻게 점진적으로 그리고 다행스럽게도 사라졌는가를 알아보는 것이 결코 아니다. 이때의 관건은 어떻게 해서 이러한 금지 체계가 가장 명백한 방식으로 금지된 품행들을 명명·분류·위계화했던 고백의 실천 이후 전치되고 재분절되었는가를 살펴보는 일이 될 것이다. 이러한 고백의 실천은 19세기 정신의학 및 의학에서 보이는 우선은 조심스럽고 뒤늦은 성적(sexuelle) 테마의 출현으로 이어지는데, 이는 물론 여전히 다만 상징적인 지표에 불과했지만, 우리는 이미 이러한 분절이 우리가 믿는 것과는 다르고 그 출현의 장소 역시 우리가 상상하던 곳이 아니라는 것에 내기를 걸어 볼 수 있을 것이다.

나는 우선 배제의 세 번째 체계에 집중해 보고 싶다. 나는 이를 다음과 같은 두 가지 방식으로 다루어 보고자 한다. 나는, 우선, 우리[유럽인들]가 그 안에 사로잡혀 있지만 동시에 우리가 끊임없이 새롭게 변형시키고 있는 진리의 이러한 선택이 어떻게 형성되었는가, 나아가 어떻게 반복·갱신·전치되었는가에 대한 지표화를 시도해 보고자 한다. 우선 나는 어떻게 해서 권력과 위험을 안고 있는 담론, 의례의 담론, 효과[실효성]의(efficace) 담론이 점차로 참인 담론과 거짓된 담론 사이의 분할 아래 질서 지어지게 되었는가를 살펴보기 위해 소크라테스 또는 적어도 플라톤의 철학과 동시대적인 소피스테스의 시대 및 그 시작점에 집중하고자 한다. 다음으로 나는, 특히 영국에서, 시선, 관찰 및 확증된 사실의 과학, 곧 새로운 정치적 구조는 물론 종교적 이데올로기의 확립과도 분리 불가능한 새로운 자연철학, 분명 지식의 의지의 새로운 형식이 탄생한 시대, 곧 16세기와 17세기의 전환기에 집중하고자 한다. 마지막으로 내가 집중하고자 하는 세 번째 시기는 근대 과학의 기초를 형성한 위대한 행위들이 있었으며 산업 사회 및 그에 수반된 실증주의 이데올로기가 형성되었던 19세기 초가 될 것이다. 이는 우리[유럽] 지식의 의지가 보여 주는 형태학의 3가지 단면, 우리 속물근성(philistinisme)의 3가지 단계이다.

나는 또한 같은 질문을 전혀 다른 시각에서 다시 살펴보고 싶다. 이는 의학·정신의학 담론 또는 사회학 담론처럼 스스로

를 과학적이라 자처하는 특정 담론이 형벌 체계를 구성하는 규제
적(prescriptifs) 담론 및 실천의 총체에 미치는 효과를 측정하는 일이
다. 이는 이러한 분석의 출발점이자 기초 자료가 되는 정신의학적
감정(鑑定, expertises) 및 그것이 형벌 체계에서 수행하는 역할에 대
한 연구이다.

한편 우리가 담론의 한계 작용(limitation)이라는 절차, 방
금 내가 언급한 저자·주석·분과학문 등의 한계 작용이라는 절차
에 대한 분석을 수행해야 하는 것 역시 이런 비판적인, 그러나 또
다른 층위의, 관점에서이다. 우리는 이런 관점에서 다음과 같은
몇 가지 연구들을 생각해 볼 수 있을 것이다. 나는 예를 들면 16세
기에서 19세기에 이르는 의학의 역사에 대한 연구를 생각하고 있
다. 이 연구의 관건은 당시에 작동하던 개념 또는 당시에 이루어
진 발견의 지표화라기보다는, 차라리 의학 담론의 구성 및 이러한
담론을 지지·전달·강화했던 다양한 제도들 안에서 저자·주석·
분과학문의 원칙들이 어떻게 작동하게 되었는가에 대한 재포착이
자, 히포크라테스(Hippocrates of Kos, 460경-370경 BC), 갈레노스(Aelius
Galenus, 129-200/216)는 물론, 파라켈수스(Paracelsus, 1493/1494-1541),
시드넘(Thomas Sydenham, 1624-1689), 부르하버(Herman Boerhaave, 1668-

1738)와 같은 위대한 저자들의 원칙이 어떻게 수행되었는가, 훨씬 후인 19세기에도 여전히 잠언(aphorisme)과 주석의 실천이 어떻게 수행되었는가, 그리고 어떻게 점차로 사례(cas), 사례의 수집, 구체적인 사례에 대한 임상의학적 실습(apprentissage clinique)이 이를 대체하게 되었는가, 결국 의학은 어떤 모델에 따라 ―우선은 자연사[박물학(博物學)](histoire naturelle)에, 이후에는 해부학과 생물학에 기초하여― 스스로를 하나의 분과학문으로서 구축하고자 시도했는가를 알고자 시도하는 일일 것이다.

　　우리는 또한 18세기와 19세기에 문학의 역사 및 비평이 종교적 주해, 성서 비평, 성인전(聖人傳), 역사적 또는 전설상의 '생애', 자서전과 회상록 등의 다양한 기법들을 활용·변형·전치함으로써 저자라는 인물 그리고 작품이라는 형상을 구축했던 방식을 생각해 볼 수 있을 것이다. 또한 우리는 언젠가는 정신분석적 지식에서 프로이트(Sigmund Freud, 1856-1939)가 수행한 역할에 대해 연구해 보아야만 할 것이다. 프로이트가 정신분석적 지식에서 수행한 역할은 물론 뉴턴(Isaac Newton, 1642-1727)(및 이 학문의 기초를 놓은 또 다른 학자들)의 물리학적 지식과도 매우 다르고, [철학하는 또 다른 방식의 기원이 되는 칸트(Immanuel Kant, 1724-1804)의 경우처럼] 철학적 담론의 장에서

한 저자가 수행할 수 있는 역할과도 매우 달랐다.

　　이것이 작업의 비판적 측면에서 바라본 담론 통제의 심급들(instances du contrôle discursif)에 대한 분석을 위한 몇 가지 계획이다. 계보학적 측면이란, 통제를 부여하는 한계(limites)의 내부와 외부 또는 대부분의 경우 경계획정(délimitation)의 다양한 측면을 망라하면서, 담론의 실제적 형성 작용에 관련되는 작업이다. 비판이 희소화 과정뿐 아니라 담론의 재통합 및 통일화 과정을 분석한다면, 계보학은 이러한 여러 과정의 분산적인 동시에 불연속적·규칙적인 형성 작용을 연구한다. 진실을 말하자면, [비판과 계보학이라는] 이 두 작업은 결코 전적으로 분리될 수 없다. 한쪽에는 거부·배제·재통합 또는 귀속의 형식이 존재하고, 다른 한쪽에는, 보다 깊은 층위에, 담론의 실현을 전후하여, 선택과 통제에 복종하는 담론의 자발적인 분출이 존재하는 것이 아니다. 담론의 규칙적 형성 작용은, 일정 조건 아래에서 일정 정도까지는, 통제의 절차를 통합할 수 있다(가령 하나의 분과학문이 과학적 담론의 지위와 형식을 취하게 될 때 이런 일이 일어난다). 그리고 역으로 통제의 형상들은 어떤 특정 담론 형성 작용의 내부에서 구체적인 모습을 취할 수 있다[저자를 구성하는 담론으로 기능하는 문학 비평[비판](critique littéraire)의 경우가 그러하다]. 모든 비평[비판] 작업이 통제의 심급들을 의문에 부침으로써 동시에 자신이 형성된 담론적 규칙성을 분석해야만 하는 것과 마찬가지로, 모든 계보학적 기술(記述)은 실제적 형성 작용에서 작용하는 다양한 한계들을 고려해야만 한다. 비판적 기획과 계보학적 기획 사이의 차이는 대상 또는 영역의 차이라기보다는, 경계획정, 관점, 공격 지점의 차이이다.

　　나는 방금 섹슈얼리티 담론을 주조(鑄造)하는 금지의 연구처럼 앞으로 가능한 몇몇 연구들을 언급한 바 있다. 여하한 경우이든, 이러한 연구는 동시에 섹슈얼리티가 문제되는 한에서의 문학적, 종교적 또는 윤리적인, 생물학적이고 의학적인, 그리고 법적인 담론들의 집합에 대한 분석 없이는 어렵고 추상적인 것에 머무르게 될 것이다. 섹슈얼리티가 명명·기술·은유화·설명·판단되는 것은 이런 담론들 안에서이다. 우리는 지금 섹슈얼리티에 대한 단일하고도 규칙적인 담론의 구축과는 너무나도 멀리 떨어져 있으며, 아마도 결코 그곳에 도달하지 못할 것이다. 아마도 우리가 가고 있는 방향이 바로 이러하겠지만, 이는 그리 중요하지 않다. 금지들은 동일한 형식을 갖고 있지 않으며, 문학 담론과 의학 담론, 정신의학 담론, 양심지도 담론에서 동일한 방식으로 기능하지도 않는다. 그리고, 역으로, 이런 다양한 담론적 규칙성들이 금지들을 동일한 방식으로 강화·우회·전치시키는 것도 아니다. 연구는 따라서 오직 적어도 어떤 부분에서는 매번 다른 금지들이 작용하는 계열들의 다수성에 입각해서만 이루어질 수 있을 것이다.

또한 우리는 16세기와 17세기의 부와 빈곤, 통화, 생산, 교역에 관련된 담론의 계열들을 다루어 볼 수 있을 것이다. 우리는 이때 부자와 가난한 자, 배운 자와 못 배운 자, 프로테스탄트와 가톨릭, 왕실의 관리들, 상인들 또는 모럴리스트들(moralistes)에 의해 형성된 매우 이질적인 언표들의 집합에 관련된 일을 다루게 된다. 각각의 언표들은 자신만의 규칙성, 그리고 또한 구속의 체계를 갖는다. 이들 언표 중 어떤 것도 향후 새로운 분과학문의 모습을 취하면서 처음에는 '부(富)의 분석'(analyse des richesses)으로, 이후에는 '정치경제학'(économie politique)으로 불리게 될 담론 규칙성의 이런 새로운 형식을 미리 정확히 보여 주지는 않는다. 그럼에도 불구하고, 이러저러한 언표들의 계승 또는 배제, 정당화 또는 거리두기를 통해, 새로운 규칙성이 형성되는 것은 바로 이런 언표들로부터이다.

우리는 또한 20세기 초에 이르기까지 다양한 방법, 기술(技術), 관찰, 분과학문을 가로질러 재분배되고 분산된 형태로 발견되는 유전에 관련된 담론에 대한 연구를 생각해 볼 수 있을 것이다. 이 경우 관건은 따라서 어떤 분절의 놀이에 따라 이러한 계열들이 유전학의, 인식론적으로 정합적이며 제도에 의해 인정된, 형상 아래 결국 재구성되는가를 드러내는 일이 될 것이다. 이것이 프랑수아 자코브(François Jacob, 1920-2013)에 의해 최근 이루어진 눈부신 작업이자, 비할 바 없는 성과이다.

이렇게 해서 비판적 기술(記述)과 계보학적 기술이 변형되고 서로에 의지하면서 함께 완성된다. 분석의 비판적 부분은 담론의 감쌈(enveloppement) 체계에 결부되어 있다. 비판적 부분은 담론의 희소성·배제·정렬의 원칙을 명확화·지표화하기를 추구한다. 말놀이를 해 본다면, 분석의 비판적 부분은 부지런한 경쾌함을 실천한다고 말해 보자. 반면, 분석의 계보학적 부분은 담론의 실제적 형성 작용이 보여 주는 계열에 결부된다. 계보학적 부분은 담론을 자신의 긍정 능력(pouvoir d'affirmation)을 통해 포착하려고 시도하는데, 나는 이 용어를 부정적 능력에 대립되는 의미가 아닌, 대상 영역(domaines d'objets)의 구축 능력이라는 의미로 사용한다. 우리는 이런 대상 영역에 관련되어서만 명제들을 참이거나 거짓인 것으로 긍정 또는 부정할 수 있다. 이런 대상 영역들을 실증성들(positivités)

이라 부르기로 하자. 그리고, 다시 한번 말놀이를 해 보자면, 만약 비판적 스타일(style critique)이 근면한 경쾌함(désinvolture studieuse)의 그것이라면, 계보학적 기질(humeur généalogique)은 행복한 실증주의 (positivisme heureux)의 그것이 될 것이다.

어떤 경우이든, 적어도 한 가지 사실은 강조되어야 한다. 이렇게 이해된 담론의 분석은 어떤 의미의 [은폐된] 보편성을 폭로하는 것이 아니며, 다만, 긍정의 근본적 능력을 통해, 주어진 희소성의 놀이를 드러낼 뿐이다. 이는 희소성과 긍정, 결국 긍정의 희소성일 뿐, 결코 의미의 연속적 분출도, 시니피앙의 왕국도 아니다.

그리고 이제 단어가 모자라는 이들은 이를 구조주의로부터 온 것이라고 —그들에게 말보다 노래가 더 낫다면— 이야기할 것이다.

감사의 말

방금 여러분들에게 윤곽을 보여 드린 이 연구들은 앞서 존재했던 여러 모델과 지지점이 없었다면 가능하지 않았을 것임을 나는 잘 알고 있다. 나는 우선 뒤메질(Georges Dumézil, 1898-1986)에게 많은 것을 빚지고 있음을 잘 알고 있는데, 이는 글쓰기가 하나의 즐거움이라고만 여전히 믿고 있던 시기에 나를 작업으로 향하도록 부추겨 준 것이 바로 그이기 때문이다. 그러나 나는 또한 그의 작업에 크게 빚지고 있다. 내가 그만의 작업이자 여전히 오늘을 지배하고 있는 그의 텍스트들을 다루면서 원래의 의미로부터 멀어지거나 엄밀함으로부터 벗어난 경우가 있다면, 그가 나를 용서해 주기를 바란다. 그는 내게 기존의 전통적인 성서 주해학적 방법론이나 언어학적 형식주의와는 완전히 다른 특정 담론의 내재적 경제[체계](économie)에 대한 분석 방법을 가르쳐 주었다. 그는 내게 비교의 놀이를 통해 하나의 담론으로부터 다른 담론으로 옮겨 가며 기능적인 상관 작용의 체계(système des corrélations fonctionnelles)를 지표화하는 방법을 가르쳐 주었다. 그는 내게 담론의 변형 및 제도의 관계를 어떻게 기술해야 하는지를 가르쳐 주었다. 내가 이 동일한 방법론을 전설과 신화와는 전혀 다른 담론에 적용하려고 시도하기를 원했다면, 그런 생각은 내가 알고 있던 과학사가들, 특히 캉길렘의 작업으로부터 온 것임에 틀림없다. 나는 그를 통해 과학의 역사가 반드시 발견의 연대기, 또는 불확실한 발생의 측면 또는 외부의 결과라는 측면에서 과학을 넘어서는 의견과 관념의 묘사와 같은 양자택일적 관점에 의해 포착되어야만 하는 것이 아니며, 오히려 과학의 역사는 이론적 모델과 개념적 도구로 이루어진 하나의 정합적인 동시에 변형 가능한 전체로서 확립될 수 있고 또 확립되어야만 함을 이해하게 되었다.

그러나 내가 가장 큰 빚을 진 것은 장 이폴리트(Jean Hyppolite, 1907-1968)라고 생각한다. 나는 그의 작업이 많은 사람들이 보기에 헤겔의 영향력 아래에 놓여 있으며, 우리 시대는 전적으로 ―인식론에 의해서든 논리학에 의해서든, 마르크스(Karl Marx, 1818-1883)에 의해서든 니체에 의해서든― 헤겔로부터 벗어나려는 시도라는 말로써 규정지어질 수 있음을 잘 알고 있다. 그리고 내가 방금 담론과 관련하여 말하고자 한 것이 헤겔적 로고스로부터 상당히 어긋난 것임 역시 나는 잘 알고 있다.

그러나 참으로 헤겔로부터 벗어나려고 하는 시도는 헤겔로부터 탈피하려는 시도의 대가가 무엇인지를 정확히 이해하고 있음을 전제한다. 이러한 작업은 헤겔이 얼마만큼 우리와 가까운가를, 아마도 은밀한 방식으로, 알고 있음을 전제한다. 이러한 작업은 우리로 하여금 헤겔에 반하여 생각할 수 있게 해 주는 것들 중에서 어떤 것이 여전히 헤겔적인 것인가를 알고 있음을 전제한다. 이러한 작업은 헤겔에 반하려는 우리의 노력이 어떤 면에서 아마도 여전히 그런 명목으로 여전히 부동(不動)의 상태로 어딘가에서 우리를 기다리면서 우리에 대립하는 하나의 간지(奸智, ruse)인가를 이해하고 있음을 전제한다.

그런데, 장 이폴리트에게 빚을 진 것이 나 혼자만은 아니라고 한다면, 이는 그가 헤겔로부터 멀어지는 이 길, 헤겔로부터 거리를 취하게 되는 이 길, 그리고 이전과는 다른 방식으로 헤겔에 이르게 되지만 또다시 헤겔로부터 떠날 수밖에 없게 되는 이 길을 우리를 위해 우리에 앞서서 지치지 않고 걸어 나갔기 때문이다.

우선 이폴리트는 19세기 이래 우리의 주변을 배회하고 있으며 암암리에 우리가 투쟁하고 있는 헤겔이라는 이 조금은 환상적인 거대한 그림자에 특정한 현존을 부여하고자 섬세한 노력을 기울였다. 이폴리트가 헤겔에 이 특정한 현존을 부여한 것은 바로 『정신현상학』(*Phänomenologie des Geistes*, 1807)의 [프랑스어] 번역을 통해서였다.[5] 그리고 이 프랑스어 텍스트에는 헤겔 자체가 잘 드러나 있었는데, 그 증거는 독일에서조차 적어도 한동안은 헤겔의 독일어 판본을 더 잘 이해하기 위해 이 책을 참조할 정도였다.

그런데 이폴리트는 이 텍스트에서 모든 논점을 탐구하고 검토했다. 이폴리트가 마치 다음과 같은 질문들을 조바심으로 살펴보았던 것처럼 말이다. 헤겔이 더 이상 가능하지 않은 곳에서도 우리[유럽인들]는 여전히 철학할 수 있을까? 여전히 하나의 철학, 더 이상 헤겔적이지 않은 하나의 철학이 존재할 수 있을까? 우리의 사유에서, 헤겔적이지 않은(non hégélien) 사유는 필연적으로 철학적이지 않은(non philosophique) 것일까? 반철학적인(antiphilosophique) 것은 반드시 헤겔적이지 않은 것일까? 이폴리트는 자신이 제공한 이러

---

5   이폴리트는 1941년 다음의 프랑스어 번역을 출간했다. G. W. F. Hegel, *La Phénoménologie de l'esprit*, trad. Jean Hyppolite, Paris: Aubier, 1941. 이후 1946년 이폴리트는 『헤겔 정신현상학의 기원과 구조』라는 해설서를 출간했다. Jean Hyppolite, *Genèse et structure de la Phénoménologie de l'esprit de Hegel*, Paris: Aubier, 1946. 이 두 권의 책은 동시대 프랑스 지성계에 거대한 영향을 미쳤다.

한 헤겔 이해를 통해 단지 헤겔에 대한 역사적이고 세심한 기술만을 의도한 것이 아니다. 이폴리트는 이를 통해 현대성(modernité)의 경험에 관련된 하나의 도식을 제공하려고 했다(과학, 역사, 정치 그리고 일상의 고통을 헤겔적 양식 위에서 사유할 수 있는가?). 그리고 역으로 이폴리트는 우리의 현대성으로부터 헤겔주의의 새로운 기준, 그리고 이를 통해, 철학의 새로운 기준을 만들어 내고자 했다. 이폴리트에게 헤겔과의 관계란 철학이 자신의 승리를 결코 확신할 수 없었던 어떤 경험, 어떤 대결의 장소였다. 이폴리트는 헤겔의 체계를 확신[안심]을 주는 하나의 우주처럼 사용한 적이 결코 없다. 이폴리트는 헤겔의 체계에서 다만 철학에 의해 포착된 극단적 위험을 보았을 뿐이다.

나는 이폴리트가 수행한 위치이동(轉置, déplacement)이 이로부터 기원한 것이라고 믿는다. 나는 이러한 위치이동이 헤겔철학의 내부가 아닌, 헤겔철학에 대하여, 헤겔이 이해했던 바의 철학에 대하여 일어난 것이라고 말하겠다. 그리고 모든 주제의 역전(逆轉, inversion)이 일어나는 것 또한 바로 이러한 위치의 변경으로부터이다. 철학은 이제 개념의 운동 속에서 드디어 스스로를 사유하고 재포착할 수 있게 된 총체로서가 아니라, 이폴리트에 의해, 하나의 무한한 지평이라는 배경 위로 펼쳐지는 끝없는 과업으로서 이해된다. 늘 먼저 깨어나는 이폴리트의 철학은 결코 완료되는 일이 없다. 이 끝없는 과업은 따라서 늘 다시 시작되는 과업, 되풀이(répétition)의 역설 및 형식에 바쳐진 과업이다. 철학, 총체성의 도달 불가능한 사유로서의 철학은 이폴리트에게 경험의 극단적 불규칙성 안에서 되풀이 가능한(répétable) 것, 삶과 죽음과 기억 안에서 끊임없이 재포착되는 물음으로서 제공되고 드러나는 것이었다. 이렇게 해서 이폴리트는 자기의식에 대한 완성(achèvement sur la conscience de soi)이라는 헤겔적 주제를 되풀이되는 질문(interrogation répétitive)이라는 주제로 변형시켜 버렸다. 그러나, 철학은 이제 되풀이가 되었으므로 개념에 뒤따르는 것이 아니다. 철학은 이제 추상화의 구조물을 따르는 것이 아니며 늘 물러난 채로 존재하면서 획득된 일반성과 단절하고 비철학(non-philosophie)과의 접촉을 다시 시작해야 한다. 철학은 자신을 완성하는 것이 아니라, 자신을 앞서는 것, 자신의 불안에 의해 아직 깨어나지 않은 것에 가능한 한 가까이 접근해야 한다. 철학은 이러한 것들을, 환원하기 위해서가 아니라, 사유하기 위해서, 역사의 일회성, 과학의 지역적 합리성들, 의식에 있어서의 기억의 깊이를 다시 취해야 한다. 이렇게 해서 오직 비철학을 통해서만 존재하면서, 비철학이 우리에게 갖는 의미를 드러내 주는 철학, 비철학과의 연관을 내내 가로지르는 현존·불안·유동성의 철학(philosophie présente, inquiète, mobile)이라는 주제가 나타난다. 그런데, 이 철학이 비철학과의 되풀이되는 접촉 안에 존재한다면, 철학의 시작이란 무엇일까? 철학은, 자신이 아닌 것 안에 비밀리에 현존하면서, 사물의 중얼거림 안에서 낮은 목소리로 형성되기 시작하면서, 이미 거기에 있는 것일까? 그러나, 그렇게 된다면, 철학적 담론은 아마도 더 이상 자신의 존재 이유(raison d'être)를 갖지 못할 것이다. 또는, 그렇지 않다면, 철학은 자의적인 동시에 절대적인 하나의 기초 위에서 시작해야만 하는 것일까? 우리는 이렇게 해서 직접적인 것에 고유한 운동(mouvement propre à l'immédiat)이라는 헤겔적 주제가 철학적 담론 및 그 형식적 구조의 기초 짓기(fondement du discours philosophique et de sa structure formelle)라는 주제에 의해 대치되는 것을 보게 된다.

마지막으로, 이폴리트가 헤겔 철학에 대해 수행한 마지막 위치이동은 다음과 같은 것이다. 만약 철학이 절대적 담론으로서 스스로를 시작해야 한다면, 철학의 역사란 무엇이며, 특정 사회 안에 존재하면서, 특정 사회 계급에 속하며, 투쟁의 한가운데에 있

는, 고유한 특정의 개별자와 함께 시작하는 이 시작(commencement)
이란 무엇인가?

　　이 다섯 가지 위치이동은 헤겔 철학을 그 극단으로 몰고
가면서 의심의 여지 없이 그 한계의 다른 쪽 끝으로 이동하게 만들
고, 이폴리트가 헤겔과 맞세우기를 그치지 않았던 근대철학의 거
장들을 차례로 소환한다. 이폴리트는 역사에 대한 질문과 함께 마
르크스를, 철학의 절대적 시작이라는 문제와 함께 피히테(Johann
Gottlieb Fichte, 1762-1814)를, 비철학적인 것과의 접촉이라는 주제와
함께 베르그송(Henri Bergson, 1859-1941)을, 되풀이와 진리라는 문제
와 함께 키르케고르(Søren Kierkegaard, 1813-1855)를, 우리[유럽인들] 합
리성의 역사에 연결된 무한한 작업으로서의 철학이라는 주제와 함
께 후설(Edmund Husserl, 1859-1938)을 소환한다. 한편, 이 철학적 인
물들을 넘어, 우리는 이폴리트가 자신의 고유한 질문들 주변에 끌
어들인 수많은 지식의 영역들을 알아볼 수 있다. 이 영역들은 욕망
의 기묘한 논리와 함께하는 정신분석, 수학과 담론의 형식화 작용,
정보이론과 생명체 분석의 적용, 간단히 말해 우리로 하여금 그들
사이의 연결이 이어지고 풀리기를 그치지 않는 실존과 논리학의
모든 질문을 던질 수 있게 해 주는 모든 영역들이다.

나는, 몇몇 주요 저작들뿐만 아니라, 매일매일의 지속적 관심, 깨어 있는 정신과 관대함, 일견 행정적이고 교육적인(달리 말해, 사실은 이중적으로 정치적인) 책임감 속에서 이루어진 여러 연구와 수업에서 전개된 이 작업이 우리 시대의 가장 근본적인 문제들을 만나고 형성했다고 생각한다. 이폴리트에게 한없이 큰 빚을 진 사람들은 너무나도 많다.

나는 내 작업의 의미와 가능성을 이폴리트로부터 빌려 왔고, 길을 잃고 헤매던 내게 빛을 비추어 준 것 역시 이폴리트였다. 이런 이유로, 나는 나의 작업을 이폴리트의 영향 아래 두고 싶었고, 나의 기획에 대한 소개를 이폴리트에 대한 헌사로 마무리하고 싶었다. 내가 지금 스스로에게 던지는 이 질문들이 교차하는 것은 바로 이폴리트를 향해서, ─내가 이폴리트의 부재와 나 자신의 부족함을 증언하고 있는─ 이 결여를 향해서이다.[6]

내가 이폴리트에게 그토록 큰 빚을 졌기 때문에, 나를 여기[콜레주 드 프랑스]에 초대해 가르치도록 결정한 여러분의 선택이 상당 부분 이폴리트에 바치는 오마주임을 나는 잘 이해하고 있다.

---

6   푸코는 이폴리트의 사망으로 공석이 된 콜레주 드 프랑스의 교수 자리를 이어받았다.

나는 여러분이 부여한 이 영광스러운 자리에 대해 여러분에게 깊이 감사드린다. 또 이를 통해 이폴리트에게 바치는 여러분의 오마주에 대해서도 깊이 감사드린다. 나는 스스로 이폴리트의 자리를 이을 만한 사람이 못 된다고 느끼기는 하지만, 동시에 나는 이러한 행복이 우리에게 주어질 수 있었다면, 오늘 저녁, 이폴리트의 너그러움에 의해 용기를 얻었으리라는 것을 잘 알고 있다.

　　나는 이제 방금 내가 왜 그렇게 시작하는 것에 어려움을 느꼈는지를 보다 잘 이해한다. 나는 이제 나보다 앞서 존재하면서 나를 데려가고 내가 말할 수 있게 초대해 주며 나 자신의 담론 안에 존재하고 있었으면 하고 바랐던 목소리가 어떤 것인지 잘 알게 되었다. 나는 이제 내가 말하기를 왜 그렇게 두려워했었는지 잘 알고 있다. 그것은 내가 이폴리트의 말을 경청했고 이제는 더 이상 그, 이폴리트가 나의 말을 들을 수 없게 된 바로 이 장소에서 내가 말을 했기 때문이다.

담론의 질서

L'Ordre du Discours